So funktioniert unser Verein

DANIEL LEISER

So funktioniert unser Verein

Gründen, dabei sein – aktiv als Mitglied und Vorstand

Beobachter
EDITION   ▪ ▪ ▪ EIN RATGEBER AUS DER BEOBACHTER-PRAXIS ▪ ▪ ▪

Dank

Autor und Verlag danken folgenden Personen für ihre geschätzte fachliche Unterstützung (Feedbacks, Inputs, Ergänzungen, Korrekturen, Fachlektorat): Regina Jäggi, Michael Krampf und Marcel Weigele vom Beobachter-Beratungszentrum sowie Hermann Pallasch von der Pallasch Business Engineering GmbH, Schaffhausen.

Beobachter-Edition
5., aktualisierte Auflage, 2017
© 2005 Ringier Axel Springer Schweiz AG, Zürich
Alle Rechte vorbehalten
www.beobachter.ch

Herausgeber: Der Schweizerische Beobachter, Zürich
Lektorat: Christine Klingler Lüthi, Wädenswil
Umschlaggestaltung und Reihenkonzept: buchundgrafik.ch
Illustrationen: Isabel Thalmann, buchundgrafik, Zürich
Satz: Jacqueline Roth, Zürich
Druck: Grafisches Centrum Cuno GmbH & Co. KG, Calbe

ISBN 978-3-85569-955-1

Zufrieden mit den Beobachter-Ratgebern?
Bewerten Sie unsere Ratgeber-Bücher im Shop:
www.beobachter.ch/shop

Mit dem Beobachter online in Kontakt:

www.facebook.com/beobachtermagazin
www.twitter.com/BeobachterRat

Inhalt

4 Vereinsorganisation 43

5 Vereinsfinanzen 77

Vorwort

«Vereine sind altmodisch, das Vereinsleben ist langweilig und Vereinsmenschen sind sowieso alle konservativ eingestellt.» So oder ähnlich tönt es regelmässig, wenn ich mit Leuten, die nie Mitglied in einem Verein waren, über die Wichtigkeit unserer Vereinskultur diskutiere. Wer als Mitglied oder auf andere Weise mit einem Verein zu tun hat, weiss, dass die Vereinstätigkeit eine spannende Sache ist: Man stellt sich mit Gleichgesinnten zusammen einer Herausforderung, geht gemeinsam demselben Lieblingshobby nach oder hat ganz einfach nur eine Menge Spass. Hinzu kommt, dass das Recht den Vereinen – wie in kaum einem anderen Lebensbereich – einen riesigen Spielraum gibt, sich selbst zu organisieren. Gleichzeitig können Vereinsgründer und -mitglieder in rechtlicher Hinsicht auf die grösstmögliche Sicherheit für das eigene Vorhaben vertrauen.

Die Statistik unterstreicht die Attraktivität der Vereinsform: So beteiligten sich fast 40 Prozent der ständigen Wohnbevölkerung der Schweiz als Aktivmitglied an den Aktivitäten von Vereinen, Gesellschaften, Klubs, politischen Parteien oder anderen Gruppen. Für sie alle scheint der Beobachter mit seinem Ratgeberbuch zum Vereinsrecht, das vor zwölf Jahren auf den Markt kam, ein nützliches Nachschlagewerk zu bieten, denn es erscheint bereits in der fünften Auflage.

Die vorliegende Ausgabe soll wie bis anhin Mitgliedern, Vorstandsmitgliedern, Funktionären und anderen Personen, die vorwiegend mit kleinen Vereinen zu tun haben, alltägliche Fragen beantworten – so wie ich diese täglich am Beratungstelefon antreffe respektive auch während meiner 20-jährigen Vereins- und Vorstandtätigkeit selbst angetroffen habe. Und natürlich soll der Ratgeber Sie bei Ihrer Tätigkeit für den Verein unterstützen – mit Anschauungsbeispielen, Checklisten und Vorlagen. Die besten Tipps und Hilfsmittel nützen aber nichts, wenn nicht Menschen da sind, die sich – ohne Absicht auf einen persönlichen Vorteil – für einen Verein engagieren. Ihnen gebührt mein Dank – denn ohne sie wäre dieses Ratgeberbuch wertlos.

Daniel Leiser
im Juni 2017

1

Einführung

Möchten Sie sich mit Anwohnern für eine bessere Wohnqualität in Ihrem Quartier einsetzen? Mit anderen Eltern die Anliegen und Bedürfnisse Ihrer Kinder vertreten? Oder mit Gleichgesinnten ein Open Air in Ihrer Gemeinde veranstalten? Ein Verein ist die perfekte Rechtsform für solche Vorhaben.

Ideal für private Anliegen und Projekte

Vereine sind voll im Trend – das klingt jetzt vielleicht etwas gewagt, aber es entspricht dem Zeitgeist. Mit dem Internet und den sozialen Medien können sich Menschen heute viel einfacher und schneller vernetzen. Das ist vor allem dann ein grosser Vorteil, wenn man Gleichgesinnte sucht oder Unterstützung für ein eigenes oder übergeordnetes Vorhaben braucht.

Wer schon einmal einen Aufruf in die virtuelle Welt abgesetzt hat, war wahrscheinlich erstaunt, wie schnell und weit sich dieser dort verbreitet hat und wie viele Angebote für Unterstützung innert kürzester Zeit zurückgekommen sind. Auch wenn Gesellschaftskritiker von Individualisierung und zunehmender Anonymität sprechen: Menschen helfen und unterstützen andere Menschen nach wie vor gerne – sei es in Form von Spenden, guten Ratschlägen, tatkräftiger oder moralischer Unterstützung. An einer Frage bleiben allerdings viele solche Netzwerke hängen: Wie organisieren wir uns bei unserem Vorhaben? Und: Müssen wir rechtlich etwas regeln, oder können wir einfach loslegen?

Die meisten Menschen, die sich diese Fragen stellen, landen irgendwann beim Verein – und das mit gutem Grund: Keine andere juristische Person lässt sich so einfach und schnell gründen. Und bei keiner anderen Rechtsform ermöglicht es der gesetzliche Spielraum, die Organisation passgenau auf die Bedürfnisse der Vereinigung auszurichten. Aus diesem Grund ist der Verein nach wie vor die perfekte Rechtsform für Menschen, die gemeinsam mit anderen Menschen ein privates Anliegen verfolgen oder ein Projekt realisieren wollen.

Das bietet Ihnen dieser Ratgeber

Hauptziel dieses Ratgebers ist, interessierten Leserinnen und Lesern die Grundlagen und Vorzüge des Vereins näherzubringen – und dabei soll das

Buch auch den Beweis erbringen, wie einfach sich ein Verein gründen und organisieren lässt. Denn eines ist klar: Die Einsatzmöglichkeiten der Vereinsform sind riesig, und Sie gehen dabei kein finanzielles Risiko ein – unabhängig davon, ob Ihr Vorhaben auf unbestimmte Zeit angelegt ist oder nicht.

HINWEIS *Die Vereinsform ist für einen Strickclub oder einen Gamertreff genauso geeignet wie für ein politisches Komitee oder die Veranstaltung eines Quartierfests oder eines kleinen Open Airs.*

Ob Sie nun einen Verein gründen wollen oder bereits in einem Verein aktiv sind: Dieser Ratgeber enthält nicht nur alles, was Sie über die Vereinsgründung wissen müssen, sondern auch Informationen und Tipps zu den wichtigsten Aspekten in bereits bestehenden Vereinen. Insbesondere finden Sie darin Anregungen zu einer massgeschneiderten Organisation, zu den Rechten und Pflichten Ihrer Mitglieder sowie zu den wichtigsten rechtlichen Fragen, denen Sie im Verlauf Ihrer Vereinstätigkeit begegnen könnten.

Die meisten Anfragen im Beobachter-Beratungszentrum, die mit dem Vereinsrecht zu tun haben, betreffen Konflikte. Erst dann zeigt sich, wie gut oder eben wie schlecht ein Verein organisiert und geführt ist. Dementsprechend widmet dieses Buch dem Krisenmanagement ein ganzes Kapitel. Der Vermeidung von Konflikten dient auch eine durchdachte und transparente Kommunikation. Wie Sie die heutigen Kommunikationsmittel innerhalb und ausserhalb Ihres Vereins optimal einsetzen, erfahren Sie ebenfalls in diesem Ratgeber.

Nicht alles, was Sie in diesem Buch finden, werden Sie in Ihrem Verein konkret umsetzen wollen und können. Greifen Sie das heraus, was Ihren Bedürfnissen entspricht, und passen Sie es den Gegebenheiten in Ihrer Organisation an. Ein ausführliches Stichwortverzeichnis hilft Ihnen bei der Auswahl der für Sie wichtigen Punkte. Wenn Sie vertiefte Informationen zu einzelnen Themen suchen, finden Sie im Anhang ein Verzeichnis mit weiterführender Literatur.

Wann ist der Verein die richtige Rechtsform?

Wollen Sie mit anderen Menschen zusammen ein bestimmtes Ziel erreichen, sich für ein gemeinsames Projekt einsetzen oder einfach Geselligkeit in vertrauter Runde erleben? Dann sollten Sie über die Gründung eines Vereins nachdenken, denn diese Rechtsform bietet fast nur Vorteile.

Das Hauptargument für die Gründung eines Vereins: Er ist – wie die Aktiengesellschaft (AG), die Gesellschaft mit beschränkter Haftung (GmbH) oder die Genossenschaft – eine Körperschaft, also eine juristische Person. Das heisst, dass er eine eigene, von den Mitgliedern unabhängige Rechtspersönlichkeit hat. Mitglieder kommen und gehen – der Verein bleibt bestehen. Ein Verein kann Vermögen und Schulden haben, er kann sogar erben und selbständig vor Gericht klagen und verklagt werden.

Gerade hinsichtlich Schulden beziehungsweise Haftung für Vereinsschulden bietet diese Rechtsform den wichtigsten Vorteil: Es haftet ausschliesslich das Vereinsvermögen – sofern die Mitglieder in ihren Statuten nichts anderes festgesetzt haben.

Ein weiterer wichtiger Wesenszug der Vereinsform ist, dass die Mitglieder das Sagen haben. Für die Gründer bedeutet dies, dass sie möglicherweise ihren Einfluss auf die Weiterentwicklung verlieren, wenn neue Mitglieder dem Verein beitreten. Dies selbst dann, wenn sie im Vorstand sitzen. Denn der Vorstand ist das vollziehende Organ; er untersteht zwingend der Aufsicht der Vereinsversammlung.

GUT ZU WISSEN *Im Unterschied zur AG, GmbH und Genossenschaft dürfen Vereine sich nur idealen und nichtwirtschaftlichen Tätigkeiten widmen – wie etwa Sport, Kunst, Politik, Wohltätigkeit oder ganz einfach Geselligkeit. Mit anderen Worten: Hauptziel darf niemals sein, Gewinn oder sonst einen geldwerten Vorteil für den Verein und / oder seine Mitglieder zu erwirtschaften.*

Gegenstück zum Verein: die einfache Gesellschaft

Die einfache Gesellschaft gehört zu den Rechtsgemeinschaften und ist somit keine juristische Person. Dementsprechend haben die Gesellschafter einstimmig das Sagen; sie verpflichten durch ihr Handeln nur sich selbst. Für allfällige Geschäftsschulden haftet jedes Mitglied solidarisch und unbeschränkt mit seinem Privatvermögen.

Eine einfache Gesellschaft entsteht bereits, wenn mindestens zwei Personen mit vereinten Kräften und Mitteln ein gemeinsames Ziel erreichen wollen. Dieses Ziel darf – im Unterschied zu den Vereinen – auch wirtschaftlicher Natur sein. Eine einfache Gesellschaft liegt beispielsweise vor, wenn Sie sich mit mehreren Personen und Firmen zusammentun, um ein Bauwerk zu erstellen. Auch die Gründergemeinschaft, welche die Vereinsgründung vorbereitet, stellt eine einfache Gesellschaft dar (siehe Seite 28).

Typische Anliegen für eine Vereinsgründung

Dank der sozialen Medien finden Menschen heutzutage schnell Gleichgesinnte, um gemeinsam ein Ziel zu erreichen. Dementsprechend gibt es viele gute Gründe, zu diesem Zweck einen Verein zu gründen. Hier einige Beispiele aus dem Beratungsalltag:

- **Soziale Anliegen.** Bilder von Armut, Krieg und Umweltkatastrophen bewegen immer wieder Menschen dazu, anderen Menschen in der Not zu helfen – zum Beispiel indem sie mit weiteren Hilfsbereiten Geld, Kleider oder Nahrungsmittel organisieren.
- **Interessenvertretung.** Eltern von schulpflichtigen Kindern haben oft ähnliche Bedürfnisse und Interessen. Vielleicht möchten sie einen Lernclub gründen, oder sie tun sich zusammen, um sich gegenseitig besser unterstützen zu können.
- **Sport.** Er ist nach wie vor einer der häufigsten Gründe, die Vereinsform zu wählen. Nebst den traditionellen Sportvereinen gibt es heute viele Nischenanbieter – etwa eine Sportschule, die während der Schulferien Schnupperkurse für Kinder organisiert, oder Anbieter von wöchentlichen Trainings, bei denen die Mitglieder nicht an Meisterschaft und Turnieren teilnehmen müssen.

- **Beratung.** Fachleute, die neben ihrem Job noch Ressourcen frei haben oder nach der Pensionierung ihre bisherige Arbeit nicht vollständig aufgeben wollen, schliessen sich zusammen, um Ratsuchenden mit beschränkten finanziellen Mitteln ein günstiges oder sogar kostenloses Beratungsangebot offerieren zu können.
- **Politik.** Über soziale Netzwerke lassen sich heute leicht politisch interessierte Menschen finden, die mit Gleichgesinnten das politische Geschehen in der Gemeinde mitprägen möchten. Übrigens sind auch die meisten politischen Parteien als Vereine organisiert.
- **Kultur.** Sei es ein Laientheater, eine Ausstellung von jungen Künstlerinnen und Künstlern oder die Organisation eines Musikanlasses – für Kulturförderung und die Durchführung von entsprechenden Aktivitäten ist der Verein die am häufigsten verwendete Rechtsform.

Die ultimativen Kontrollfragen vor der Vereinsgründung

Wenn Sie jetzt noch unsicher sind, ob Sie für Ihr Vorhaben einen rechtlichen Rahmen, eine Organisation mit einer bestimmten Organisationsform brauchen, können Sie sich folgende Fragen stellen. Wenn Sie sie alle mit Ja beantworten, spricht vieles für die Vereinsform:

- Ist der Zweck, den die Vereinigung verfolgen soll, nichtwirtschaftlicher Natur?
- Werden die Aktivitäten oder das Projekt voraussichtlich eher eine unbestimmte, längere Zeit dauern?
- Soll die Vereinigung oder das Vorhaben weiteren Mitgliedern offenstehen?
- Bin ich als Gründungsmitglied bereit, mich später dem Willen der Mehrheit der Mitglieder unterzuordnen?
- Darf oder soll die Vereinigung aus dem privaten Rahmen hinaus an die Öffentlichkeit treten?
- Ist es wichtig, dass die Mitglieder für finanzielle Verbindlichkeiten, die aus den Aktivitäten entstanden sind, nicht persönlich haften?

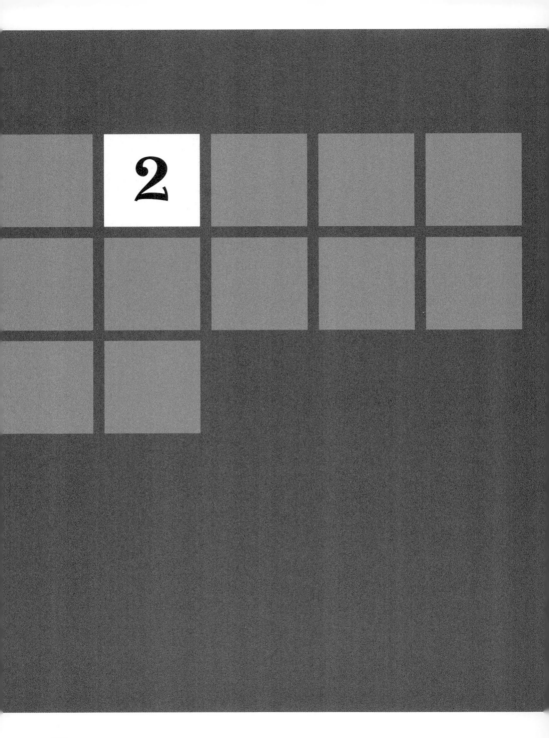

2

So einfach gründen Sie einen Verein

Wenn Sie sich entschieden haben, mit Gleichgesinnten ein Hobby
zu pflegen, eine gemeinnützige Aufgabe zu erfüllen oder sich für
ein kulturelles Projekt zu engagieren, haben Sie schon beinahe einen
Verein gegründet. Wie einfach Sie die Gründung vorbereiten und
durchführen, erfahren Sie in diesem Kapitel.

Wie entsteht ein Verein?

Die Anfragen beim Beobachter-Beratungszentrum lassen vermuten, dass der eine oder andere Verein – trotz guter Absichten – aus Angst vor den Formalitäten nicht gegründet wurde. Das ist schade, denn ein Verein entsteht viel einfacher und schneller, als man denkt.

Damit ein Verein entsteht, muss gemäss Vereinsrecht (Artikel 60 Zivilgesetzbuch) nur eine Voraussetzung erfüllt sein: Es braucht Statuten, aus denen der Wille hervorgeht, als Körperschaft zu bestehen. Sobald die Gründungsmitglieder also Statuten geschaffen haben, aus denen ersichtlich ist, dass sie einen Verein gründen wollen, ist bereits ein solcher entstanden.

Inhaltlich sollten die Statuten Aufschluss geben über die Aufgabe respektive den Zweck des Vereins, seine finanziellen Mittel sowie seine Organisation. Letzteres ist allerdings nicht zwingend, da das Vereinsrecht eigene Bestimmungen auf Lager hat, falls statutarische Regeln fehlen. Schliesslich werden die Gründungsmitglieder – auch wenn das nicht so klar im Gesetz steht – ihrem neuen Verein zur Individualisierung einen Namen geben müssen (siehe dazu Seite 26).

ZWINGEND SCHRIFTLICH
Die Statuten müssen schriftlich abgefasst sein, wobei theoretisch Handschriftlichkeit genügt.

TIPP *Die Statuten, je nach Verein auch Statut, Satzungen oder Reglement genannt, stellen die Grundordnung – also quasi die Verfassung – des Vereins dar. Im Beratungsalltag zeigt sich aber immer wieder, dass die Vereine sich der Bedeutung der Statuten im Tagesgeschäft zu wenig bewusst sind. Insbesondere ist vielen Vorstandsmitgliedern nicht klar, dass alle Fragen, die in den Statuten nicht klar geregelt sind, von der Generalversammlung entschieden werden müssen (siehe Seite 34). Es lohnt sich deshalb, nicht nur die für die Gründung vorgeschriebenen Punkte (Vereinszweck, Finanzen und Organisation) in die Statuten aufzunehmen, sondern auch ein paar zusätzliche Dinge zu regeln.*

Vereinsstatuten: Nutzen Sie den Spielraum

Zu viele Köche verderben den Brei – das gilt auch für das Erstellen der Gründungsstatuten. Es empfiehlt sich deshalb, das Regelwerk im kleinen Kreis auszuarbeiten. Möglicherweise hat jemand in Ihrem Vorbereitungs-team Freunde oder Bekannte, die bereits in einer Vereinsorganisation tätig waren oder sogar im Vereinsrecht bewandert sind. Sie können wichtige Inputs beisteuern. Allerdings sollten die Gründungsmitglieder den Takt vorgeben: Überlegen Sie sich insbesondere, welche Fragen die Statuten abschliessend beantworten und welche Organe mit welchen Aufgaben und Kompetenzen für den Verein tätig sein sollen. Lassen Sie sich dabei auch von bestehenden Statuten inspirieren: Über eine Suchmaschine finden Sie im Internet unzählige Vorlagen von ähnlichen oder verwandten Vereinen – so sehen Sie, welche Regelungen diese für welche Fragen getroffen oder eben offengelassen haben. Im Übrigen finden Sie auch in diesem Buch Musterstatuten (siehe Anhang).

TIPP *Was die einzelnen Bestimmungen betrifft, so sollten Sie einen guten Mittelweg zwischen detaillierten und allgemeinen Formulierungen anstreben. Schreiben Sie nicht alles und jedes bis ins kleinste Detail fest, sondern verfassen Sie vielmehr klare und unmiss-verständliche Regelungen. Damit erleichtern Sie die künftige Vereins-arbeit. Es macht beispielsweise keinen Sinn, festzuhalten, wo und an welchem Tag jeweils die Hauptversammlung stattzufinden hat, aber es ist wichtig, zu bestimmen, dass sie jährlich einzuberufen ist.*

Wann gehen die gesetzlichen Bestimmungen vor?

Das Vereinsrecht befindet sich im Zivilgesetzbuch (ZGB) – und zwar in den Artikeln 60 bis 79 (siehe Anhang). Die wenigen Gesetzesbestimmun-gen regeln nur das Nötigste; den Vereinen steht es frei, in ihren Statuten vom Gesetz abweichende oder ergänzende Regelungen aufzunehmen.

Aber aufgepasst: Die Gesetzesbestimmungen sind verschieden ausgestal-tet. Einige dürfen nicht beziehungsweise nur zugunsten der Betroffenen verändert werden (zwingendes Recht); andere gelten nur dann, wenn in den Statuten nichts anderes festgelegt wird (nachgiebiges oder dispositives

Recht). Es lohnt sich also, sich vor dem Erlass von Statuten einen Überblick über diese sogenannte Normenhierarchie im Vereinsrecht zu verschaffen. Folgende Bestimmungen im ZGB gelten aufgrund des ausdrücklichen Zusatzes «von Gesetzes wegen» oder aufgrund ihrer zentralen Bedeutung als zwingend:

- Artikel 60 Absatz 1: Ideeller Vereinszweck
- Artikel 60 Absatz 2: Schriftform der Statuten sowie Angabe des Vereinszwecks
- Artikel 61 Absatz 2: Eintrag im Handelsregister (kaufmännisches Gewerbe, Revisionspflicht)
- Artikel 64 Absatz 1: Kein (ersatzloser) Verzicht auf die Vereinsversammlung (GV)
- Artikel 64 Absatz 3: Quorum zur Einberufung der GV; darf erleichtert, aber nicht erschwert werden
- Artikel 65 Absatz 1: Auffangkompetenz der GV
- Artikel 65 Absatz 2: Aufsichtsrecht der GV gegenüber dem Vorstand (inkl. Informationsrecht sowie Recht auf Décharge)
- Artikel 65 Absatz 3: Abberufungsrecht der GV gegenüber dem Vorstand
- Artikel 67 Absatz 1: Keine Ungleichbehandlung von Mitgliedern ohne sachlichen Grund
- Artikel 68: Ausschluss vom Stimmrecht wegen Befangenheit
- Artikel 69: Vorhandensein eines Exekutivorgans
- Artikel 70 Absatz 2: Vereinsaustritt per Ende des Kalender- beziehungsweise Vereinsjahres
- Artikel 72 Absatz 2: Unzulässigkeit der Anfechtung einer Ausschliessung wegen ihres Grundes
- Artikel 74: Schutz des Vereinszwecks
- Artikel 75: Anfechtung von gesetzes- oder statutenwidrigen Vereinsbeschlüssen
- Artikel 76 bis 78: Bestimmungen über die Vereinsauflösung

Verstossen die Gründer mit ihren Statuten gegen zwingendes Vereinsrecht, kann das – je nach betroffener Bestimmung – dazu führen, dass der Verein keine Rechtspersönlichkeit erlangt respektive die Gründer in der Rechtsform der einfachen Gesellschaft (siehe Seite 17) verbleiben. Das dürfte insbesondere dann der Fall sein, wenn die Gründungsstatuten nicht in schriftlicher Form existieren oder diese keine Angaben zum Vereinszweck enthalten.

Es kann aber auch sein, dass die betreffende Statutenbestimmung ganz einfach nichtig ist und dass an deren Stelle das zwingende Recht tritt. So schreibt beispielsweise Artikel 64 Absatz 3 ZGB vor, dass ein Fünftel aller Mitglieder eine Versammlung einberufen kann. Dieses sogenannte Quorum darf in den Statuten niedriger angesetzt werden, zum Beispiel auf einen Zehntel, es darf aber nicht auf einen Drittel erhöht werden. Letzteres Quorum wäre nichtig – der Vorstand könnte sich nicht darauf berufen.

Vereinszweck

Vereine dürfen laut Gesetz nur «…einer politischen, religiösen, wissenschaftlichen, künstlerischen, wohltätigen, geselligen oder andern nichtwirtschaftlichen Aufgabe…» nachgehen. Was als wirtschaftliches beziehungsweise als nichtwirtschaftliches Ziel anzusehen ist, hängt primär vom konkreten Zweck ab. Rechtsexperten und Gerichte sind sich einig, dass der Zweck dann ein wirtschaftlicher ist, wenn durch die Tätigkeit des Vereins den Mitgliedern ein konkreter ökonomischer Vorteil verschafft werden soll. Ein Club, der die finanzielle Situation seiner Mitglieder durch gemeinsame Börsengeschäfte aufbessern will, kann sich nicht als Verein organisieren. Das Ziel des Vereins darf also nicht der finanzielle Gewinn sein, sondern er muss ein Ideal anstreben. Darunter fällt beispielsweise die Elternvereinigung, der Hip-Hop-Treff, der Naturschutzverein oder der Kochclub, aber auch eine politische Partei oder religiöse Vereinigung.

Wenn der Zweck des Vereins darin besteht, einen geldwerten Vorteil für Drittpersonen ausserhalb des Vereins zu erarbeiten, dann gilt dies als ideeller Zweck und ist deshalb mit dem Vereinsrecht vereinbar. Eine Spendenorganisation, die Geld für Menschen in Not sammelt, kann also einen entsprechenden Verein gründen.

Wichtig ist schliesslich, zwischen Zweck und Mittel zu unterscheiden. Die Mittel, die Sie einsetzen, um das Vereinsideal zu erreichen, dürfen sehr wohl wirtschaftlicher Natur sein.

DER PLAUSCHHOCKEYCLUB «ROCKING ICE DEVILS» organisiert jedes Jahr ein grosses Sommernachtsfest mit Barbetrieb, Konzerten und einem Feuerwerk. Weil alle Vereinsmitglieder Fronarbeit leisten, erwirtschaftet der Club mit diesem Fest jeweils mehrere Tau-

send Franken. Damit sind ein grosser Teil der teuren Eisfeldmiete
für die Heimspiele sowie das Trainingsweekend vorfinanziert.

Nicht erlaubt: unsittliche oder widerrechtliche Zwecke
Der Vereinszweck muss nicht nur ideell sein, um dem Gesetz zu genügen,
er darf gemäss Artikel 52 Absatz 3 ZGB auch nicht unsittlich oder widerrechtlich sein. Was ist damit gemeint?

- Widerrechtlich sind Vereine, die einen unerlaubten Zweck verfolgen
  oder aber einen erlaubten Zweck mit unerlaubten Mitteln verfolgen,
  also zum Beispiel das gewaltsame Besetzen von fremdem Grundeigen-
  tum oder die Förderung des öffentlichen Verkehrs durch aktive Störungen des Strassenverkehrs.
- Unsittlich sind Vereine, die gegen ungeschriebenes Recht, gegen das
  sittliche Volksempfinden verstossen. Das trifft etwa auf Sekten zu, die
  ihre Mitglieder gezielt in eine psychische Abhängigkeit bringen, sie vielleicht sogar zur Heirat mit einer bestimmten Person zwingen.

Vereinigungen, die solche unsittlichen oder widerrechtlichen Absichten
haben, erlangen erst gar keine Rechtspersönlichkeit. Mit anderen Worten:
Sie werden so behandelt, als wären sie nie zustande gekommen. Getätig-
te Zahlungen müssen rückgängig gemacht werden – und das Vermögen
zieht möglicherweise der Staat ein.

Vereinsname: freie Wahl

Damit Ihr Verein ein eigenes Gesicht bekommt, braucht er einen passenden Namen. Wenn Sie sich im Stadium der Gründung auch schon mit der
Kommunikation innerhalb und ausserhalb des Vereins befasst, vielleicht
sogar ein entsprechendes Konzept erstellt haben (mehr dazu siehe Seite
145), dann sollten Sie die Namensgebung unbedingt darauf abstimmen.
Insbesondere ist nicht entscheidend, dass der gesamte Vereinszweck im
Namen zur Geltung kommt, sondern vielmehr, dass die Kernbotschaften
auch über den Vereinsnamen zu den angestrebten Zielgruppen transportiert werden. Widmet sich ein Verein beispielsweise einem ernsten Thema
wie dem Tod, dann wird sein Name eine gewisse Seriosität zum Ausdruck
bringen müssen, um bei potenziellen Neumitgliedern Vertrauen zu schaf-

fen. Will ein Verein Jugendlichen neue Trendsportarten schmackhaft machen, sollte er mit seinem Namen wohl auch eine gewisse Coolness ausstrahlen.

So oder so – bei der Namenswahl sind Sie völlig frei. Ausnahme: Ihr Vereinsname darf nicht täuschen und muss sich eindeutig von den Bezeichnungen anderer Organisationen oder berühmter Marken unterscheiden. Ansonsten könnte Ihr Verein wegen Namensanmassung beziehungsweise Markenschutzverletzung eingeklagt werden.

HINWEIS *Anders als bei der AG oder der GmbH braucht im Vereinsnamen der Hinweis auf die Rechtsform – also eben «Verein» – nicht vorzukommen. Sie dürfen Ihren Verein also auch «Club», «Komitee», «Forum», «Verband», «Vereinigung», «Interessengemeinschaft», «Gesellschaft», «Treff» oder «Aktion» nennen. Sie können den Vereinsnamen später theoretisch auch wieder ändern, müssen dann aber die Statuten entsprechend anpassen. Denken Sie in einem solchen Fall auch an die Folgekosten für neues Briefpapier, Webdesign, Werbemittel etc. Legen Sie sich deshalb bei der Vereinsgründung nicht vorschnell auf einen Namen fest – und ziehen Sie im Zweifelsfall externe Hilfe bei.*

Vereinssitz

Wie eine natürliche Person braucht auch ein Verein einen Wohnsitz. Dieser ist ausschlaggebend für die örtliche Zuständigkeit von Behörden und Gerichten. Aus diesem Grund darf der Verein nur einen Sitz haben. Am besten bezeichnen Sie diesen ausdrücklich in den Vereinsstatuten. Wird in den Statuten kein Sitz festgelegt, befindet er sich dort, wo die Vereinsverwaltung geführt wird.

Gründung in zwei Phasen

Der Gründungsvorgang läuft zweistufig ab: Zuerst kümmert sich die Gründergemeinschaft darum, die nötigen Vorbereitungen zu treffen, also vor allem gesetzeskonforme Statuten zu erstellen sowie die künftige Vereinsorganisation aufzugleisen. Sind diese Aufgaben erledigt, folgt die Gründungsversammlung.

Das Vorbereitungsteam ist rechtlich betrachtet kein Verein, sondern eine einfache Gesellschaft (siehe Seite 17). Als Mitglied einer solchen Gesellschaft nehmen Sie möglicherweise bereits Verpflichtungen auf sich. Gewinn und Verlust aus der Vorbereitungstätigkeit werden auf alle Gesellschafter gleichmässig verteilt. Es empfiehlt sich also von Beginn an, alle Vorhaben – vor allem solche mit finanziellen Folgen – im Team abzusprechen und noch keine weitreichenden Verpflichtungen wie etwa eine Büromiete einzugehen.

Gründungsversammlung

Wie viele Personen braucht es, um rechtsgültig einen Verein gründen zu können? Diese Frage beschäftigt die meisten Ratsuchenden, die sich vor der Vereinsgründung an das Beobachter-Beratungszentrum wenden. Die Antwort verblüfft viele von ihnen: Bereits zwei Personen reichen.

Statuten und Gründungsprotokoll

Wie formell die Gründungsversammlung abläuft, hängt von der Anzahl und Haltung der Gründerinnen und Gründer ab. Wollen beispielsweise vier Personen einen kleinen, aber feinen Weinliebhaberclub gründen, werden Sie dazu kaum Schritt für Schritt eine Traktandenliste durchgehen, sondern die wichtigsten Punkte gemütlich bei einem guten Essen und einem feinen Tropfen besprechen. Entscheidend ist ohnehin nur, dass am Schluss das Ergebnis in Form von Vereinsstatuten und Gründungsprotokoll vorliegt. Der Weg zu diesem Ziel ist frei.

Wer es gerne etwas formeller hat oder wegen der Anzahl der Gründungsmitglieder nicht um einen strikten Fahrplan herumkommt, wird den

Regeln einer normalen Vereinsversammlung folgen (siehe Kapitel «Vereinsversammlung», Seite 99). In diesem Fall bestimmen Sie am besten bereits im Vorbereitungsteam, wer die Anwesenden begrüssen und die Wahl für den Vorsitz leiten sowie das Protokoll führen soll. Für diese beiden Ad-hoc-Ämter fungieren mit Vorteil nicht die Personen, die nachher für die definitiven Ämter gewählt werden.

Die Vorsitzende führt durch die Versammlung. Der Protokollführer, die Protokollführerin hält den Ablauf schriftlich fest (das Muster eines Gründungsprotokolls finden Sie im Anhang). Als Erstes diskutieren die Versammlungsteilnehmenden offen über die Vereinsgründung. Stimmt eine Mehrheit für die Gründung, ist der Statutenentwurf Punkt für Punkt durchzuberaten. Sind die einzelnen Artikel bereinigt, muss über die Statuten gesamthaft abgestimmt werden.

DIE VERSAMMLUNG ZUR GRÜNDUNG des Trägervereins einer privaten Kinderkrippe wird – nur schon um Seriosität gegenüber den künftigen Mitgliedern auszustrahlen – formell ausgestaltet werden müssen. Die Traktandenliste dürfte dementsprechend etwa so aussehen:
1. Wahl Vorsitz und Protokollführung
2. Gründungsbeschluss
3. Genehmigung der Vereinsstatuten
4. Wahl der Vorstandsmitglieder und Revisoren

Gründungsakt

Zum Schluss der Gründungsversammlung muss das Protokoll verlesen und mindestens von der Vorsitzenden sowie vom Protokollführer unterzeichnet werden. Zudem müssen die Gründungsmitglieder im Gründungsprotokoll oder auf der integrierten Präsenzliste namentlich aufgeführt sein. Ist das erledigt, ist der Verein rechtsgültig gegründet und kann – unabhängig von seinen Einzelmitgliedern – als eigene Rechtspersönlichkeit handeln. Die einfache Gesellschaft, das Vorbereitungsteam, ist damit aufgelöst.

HINWEIS *Sie brauchen die Statuten nicht unbedingt – auf Vorrat – zu drucken. Auch wenn sie handschriftlich verfasst sind, genügen sie den gesetzlichen Vorschriften. Die Gründungsmitglieder müssen die Statuten auch nicht unterzeichnen. Nur für die Eintragung*

im Handelsregister sind diese von einem Vorstandsmitglied zu unter-
schreiben (siehe unten). So oder so ist es aber von Vorteil, wenn
die Statuten in digitaler Form vorhanden sind – beispielsweise in Form
einer Worddatei auf der Festplatte eines Computers oder eines an-
deren Datenspeichers (CD, USB-Stick etc.). So stehen sie für spätere
Revisionen zur Verfügung beziehungsweise können für interessierte
Personen wie etwa Neumitglieder oder Behörden einfach ausgedruckt
oder per Mail verschickt werden. Die Gründungsstatuten sowie das
Gründungsprotokoll sollten Sie hingegen sorgfältig in Papierform auf-
bewahren. So kann der Verein jederzeit – was im Fall eines Prozes-
ses wichtig sein könnte – seine Rechtspersönlichkeit nachweisen.

Handelsregistereintrag – ja oder nein?

Jeder Verein kann sich freiwillig im Handelsregister eintragen lassen. Sobald der Verein seinen ideellen Zweck mit einem nach kaufmännischer Art
geführten Gewerbe – wie etwa einem Ladenlokal oder einem Restaurant
– verfolgt, ist der Eintrag zwingend – und zwar unabhängig von der Höhe
des Jahresumsatzes. Dasselbe gilt für Vereine, die revisionspflichtig sind,
die also in zwei Geschäftsjahren nacheinander zwei der folgenden Grössen überschritten haben:

- Bilanzsumme von 10 Millionen Franken
- Umsatzerlös von 20 Millionen Franken
- 50 Vollzeitstellen im Jahresdurchschnitt

Gelegentliche Events oder einzelne Erwerbsgeschäfte eines Vereins – wie
zum Beispiel ein Turnier, ein Flohmarkt oder eine Party – verpflichten nicht
zur Eintragung. Fazit: Die wenigsten Vereine müssen sich ins Handelsregister eintragen lassen. Wenn es Ihnen etwa aus Imagegründen wichtig
ist, dass die Statuten und die Vertretungsordnung Ihres Vereins öffentlich
sind, könnte der Handelsregistereintrag ein Thema sein. Dieser führt im
Übrigen dazu, dass der betreffende Verein der Konkursbetreibung untersteht und buchführungspflichtig ist (siehe dazu Seite 54).

 TIPP *Die Anmeldung zur Eintragung Ihres Vereins müssen Sie*
zusammen mit den erforderlichen Belegen (u. a. unterzeichnete

Statuten und Gründungsprotokoll, Liste der Vorstandsmitglieder,
Zeichnungsberechtigungen) beim Handelsregisteramt des Kantons ein-
reichen, in dem der Verein seinen Sitz hat. Auf den Websites der
betreffenden Handelsregisterämter finden Sie in der Regel Merkblätter,
Vorlagen und Formulare zur Vorbereitung der Anmeldung.

ÜBERBLICK – SIND SIE STARTKLAR?

1. Vorabklärungen
- Finde ich Gleichgesinnte, die mich bei meinem Vorhaben oder Projekt unterstützen?
- Macht es Sinn, zu diesem (ideellen) Zweck einen Verein zu gründen?
- Gibt es ähnliche Vereine (als Anschauungsbeispiel)?
- Existiert ein übergeordneter Verband?

2. Vorbereitungsteam
- Wer kommt als Gründungsmitglied infrage?
- Brauchen wir für die Vereinsgründung externe Unterstützung?
- Ist eine Einigung und Festlegung betreffend Vereinszweck möglich?
- Wie soll der Verein heissen (eventuell auf Grundlage eines Kommunikationskonzepts)?
- Wie soll der Verein in den Grundzügen organisiert sein (Vorstand, Revision etc.)?
- Was wollen oder müssen wir in den Statuten regeln?
- Wer kommt als späteres Vorstandsmitglied infrage?

3. Gründungsversammlung
- Soll die Gründung in einem formellen oder lockeren Rahmen stattfinden?
- Wo soll die Gründungsversammlung stattfinden?
- Wer soll die Versammlung eröffnen?
- Wer kommt für den Vorsitz und die Protokollführung infrage?
- Was gehört auf die Traktandenliste?
- Ist die für die Gründung erforderliche Schriftform (Protokoll, Statuten) gewährleistet?
- Was muss sonst noch vorbereitet werden (Präsenzliste, Einladungen, Hilfsmittel wie PC etc.)?
- Wer soll über die erfolgte Vereinsgründung informiert werden (potenzielle Neumitglieder, Dachverband, Medien, Behörden etc.)?

4. Handelsregistereintrag
- Ist der gegründete Verein eintragungspflichtig?
- Wenn nicht: Soll der Verein sich freiwillig eintragen lassen?
- Welche Informationen und Unterlagen müssen zur Anmeldung eingereicht werden?
- Inwiefern muss der Verein seine Organisation anpassen (Buchführung)?

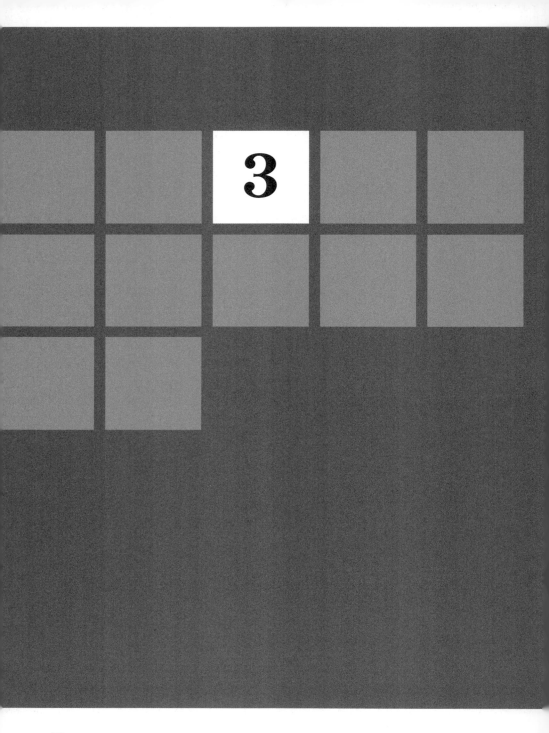

3

Mitgliedschaft

Die Mitglieder sind das wichtigste Gut jedes Vereins – ohne sie

kann kein Verein existieren. Nicht nur das: Es sind die Mitglieder,

die im Verein das Sagen haben. In diesem Kapitel erfahren Sie,

welche Rechte und Pflichten Ihre Mitglieder haben und wie sie

ein- und austreten können.

Rechte und Pflichten der Mitglieder

Wer über die Mitgliedschaft in einem Verein nachdenkt, hat oft einen ganz bestimmten Zweck im Fokus – zum Beispiel die Ausübung einer Sportart oder der Zugang zu kulturellen Angeboten. Die Vereinsmitgliedschaft bringt aber überdies Rechte und Pflichten mit sich.

Das Wichtigste zuerst: Die Mitglieder bilden in Form der Generalversammlung (GV) das oberste Organ Ihres Vereins (siehe dazu Seite 99). Denn gemäss Artikel 65 Absatz 1 ZGB ist die GV für alle Entscheidungen zuständig, die nicht vom Gesetz oder von den Statuten einem anderen Organ übertragen sind. Ähnlich wie in einem demokratischen Staat sind die Mitglieder also die Legislative – mit entsprechenden Rechten und Pflichten.

ALLES DASSELBE
Generalversammlung, Hauptversammlung, Vereinsversammlung, Mitgliederversammlung, Jahresversammlung: Das sind alles unterschiedliche Bezeichnungen für dieselbe Sache.

Mitgliedschaftsrechte

Wer einem Verein beitritt, erwirbt gewisse Mitgliedschaftsrechte. Einige dieser Rechte ergeben sich direkt aus dem Vereinsrecht – und sind teilweise sogar zwingend (siehe Seite 23) –, andere aus den Statuten. Zudem gibt es Nebenrechte, die auf allgemeinen, zum Teil ungeschriebenen Grundsätzen unserer Rechtsordnung beruhen. Die Mitgliedschaftsrechte lassen sich in folgende Kategorien unterteilen:

- Mitverwaltungs-/Mitwirkungsrechte: Stimm- und Wahlrecht, Recht auf Teilnahme an der GV
- Benutzungsrechte (Bibliothek, Sportanlagen, Vereinslokal etc.)
- Schutzrechte, insbesondere der Schutz des Vereinszwecks und der Mitgliedschaft

Mitgliedschaftspflichten

Die Mitgliedschaftspflichten müssen in den Statuten verankert sein, damit sie bindend sind. Auf diese Weise können sie ohne Zustimmung beziehungsweise gegen den Willen des einzelnen Mitglieds begründet werden – zum Beispiel die Pflicht zur Teilnahme an der GV, der Zwang, ein Amt zu übernehmen oder Gratisarbeit zu leisten, die Verpflichtung, das Training oder Proben zu besuchen. Allerdings muss sich ein Mitglied nicht jede Pflicht gefallen lassen, wenn ihm das nicht zumutbar ist. Eine gebürtige Finnin kann beispielsweise die Führung des Aktuariats ablehnen, wenn sie in der deutschen Sprache überhaupt nicht sattelfest ist. Zusammengefasst lassen sich die statutarischen Pflichten in zwei Kategorien einteilen:

- Persönliche Pflichten: Teilnahme-, Amtsübernahme- und Mitwirkungspflichten
- Vermögensrechtliche Pflichten, also primär die Beitragspflicht (siehe Seite 78)

Treuepflicht – Loyalität zwischen Verein und Mitgliedern

Nicht auf statutarischer Grundlage, sondern auf ungeschriebenem Recht beruht die vereinsrechtliche Treuepflicht: Die Mitglieder müssen alles unterlassen, was ihrem Verein schaden könnte – und sie sollten mithelfen, seinen Zweck aktiv zu fördern. Auch das Verhalten des Vereins seinem Mitglied gegenüber muss sich nach diesem Grundsatz von Treu und Glauben richten. Mit anderen Worten: Auch der Verein muss sich gegenüber seinen Mitgliedern loyal verhalten.

Sanktionen und Strafen

Darf ein Verein die Verletzung von Mitgliedschaftspflichten mit Bussen ahnden? Diese Frage taucht am Beratungstelefon des Beobachters regelmässig auf. Die Antwort ist einfach: Der Verein kann Sanktionen wie Verweise oder eben Bussen aussprechen, wenn solche in den Statuten vorgesehen sind. Es gilt aber, bei der Bestrafung fair vorzugehen; insbesondere hat das betroffene Mitglied ein Recht auf Anhörung.

Aufgepasst: Vereinsstrafen können von einem ordentlichen oder von einem Schiedsgericht überprüft werden. Auch deshalb sollte es stets ein Anliegen der Vereinsführung sein, dass die Mitglieder ihren Pflichten ohne die Androhung von Sanktionen nachkommen.

HINWEIS Für den Fall, dass Mitglieder ihre Beiträge nicht zahlen, können die Statuten andere Strafen als Bussen androhen, zum Beispiel die Eintragung in einer schwarzen Liste oder die namentliche Erwähnung an der Generalversammlung. In krassen Fällen können Säumige aus dem Verein ausgeschlossen werden. Dennoch: Als Kassier oder Mitglied des Vorstands sollten Sie bei solchen Konsequenzen ein gesundes Augenmass bewahren – zumal auch persönliche Gründe oder Probleme Ursache des Zahlungsrückstands sein können. Im Übrigen kann der Verein seine Geldforderungen auch auf dem Betreibungsweg durchsetzen (mehr zum Thema Mitgliederbeiträge siehe Seite 78).

Vereinsbeitritt

Wer nicht zu den Gründungsmitgliedern gehört, muss dem Verein beitreten, um Mitglied zu werden. Das Beitrittsprozedere ist von Verein zu Verein unterschiedlich; bei gewissen Vereinen geschieht dies durch einen formellen Aufnahmeakt, bei anderen ganz einfach durch Einzahlung des Jahresbeitrags.

Rein rechtlich ist der Vereinsbeitritt vertraglicher Natur. Es handelt sich um einen Beitritts- oder Aufnahmevertrag im Sinne des Obligationenrechts (OR): Die beitrittswillige Person stellt ein Aufnahmegesuch, das in der Folge vom Verein bewilligt wird. In der Praxis läuft dies aber selten so formell ab. So kommt es beispielsweise bei Sportvereinen häufig vor, dass Kinder zuerst ein paar Probetrainings absolvieren, bevor die Eltern dann vom Trainer die Statuten, ein Anmeldeformular sowie einen Einzahlungsschein für den Jahresbeitrag erhalten. Fazit: Ein Vereinsbeitritt kann – wie bei anderen Verträgen – auch mündlich oder sogar stillschweigend erfolgen. Entscheidend ist, dass sich beide Parteien bewusst sind, dass sie damit eine Mitgliedschaft mit entsprechenden Rechten und Pflichten begründen.

Muss der Verein mich aufnehmen?

Die Bundesverfassung garantiert die Vereinsfreiheit (auch Vereinsautonomie genannt): Es gibt weder einen Rechtsanspruch, einem bestimmten Verein beitreten zu dürfen, noch einen Zwang, einem bestimmten Verein angehören zu müssen. Vereine sind also frei, die Zahl und die Art der aufzunehmenden Mitglieder zu bestimmen. Die Statuten können die Mitgliederzahl beschränken und Aufnahmekriterien – wie etwa persönliche Fähigkeiten oder Eigenschaften – vorsehen. So kann ein Verein den Beitritt nur für natürliche oder nur für juristische Personen zulassen.

ZIEL DES PLAUSCHHOCKEYCLUBS «Rocking Ice Devils» ist es, mit einer einzigen Mannschaft Spiele gegen andere Plauschmannschaften auszutragen und an Turnieren teilzunehmen, sodass die Aktivmitglieder möglichst immer zum Einsatz kommen. Dementsprechend regeln die Statuten die Aufnahme neuer Mitglieder wie folgt:

■ Als Aktivmitglieder und somit Spieler der Plauschhockeymannschaft können nur natürliche Personen aufgenommen werden. Die Zahl der Aktivmitglieder ist auf 20 Personen beschränkt (15 Feldspieler, 1 Torhüter, 1 Schiedsrichter und 3 Ersatzspieler).
■ Passivmitglieder können natürliche und juristische Personen werden.
■ Die Aufnahme von Neumitgliedern kann jederzeit erfolgen, bei Aktivmitgliedern jedoch nur, wenn die maximale Anzahl von 20 Personen nicht ausgeschöpft ist.
■ Aufnahmegesuche sind an den Vorstand zu richten, der die Gesuche der Vereinsversammlung zur Gutheissung oder Ablehnung unterbreitet.

Wie treten Kinder einem Verein bei?

Natürliche Personen müssen für den Vereinsbeitritt urteilsfähig sein. Auf ein achtjähriges Kind, das dem Fussballclub beitreten oder im Hip-Hop-Treff mittanzen möchte, trifft das sicher zu. Allerdings müssen die Eltern bereit sein, für die damit verbundenen Kosten aufzukommen. Deshalb sollten Sie von ihnen eine entsprechende Zustimmung einholen. Zudem sollten Sie in Ihrem Verein das Stimmrecht von Kindern regeln. Die meisten Vereine sehen vor, dass urteilsfähige Minderjährige zur Generalversammlung eingeladen werden, mitdiskutieren, aber nicht abstimmen dürfen oder aber nur über Traktanden abstimmen dürfen, mit denen keine Verpflichtungen wie etwa Leistungen aus einem Vertrag eingegangen werden.

Wer entscheidet über die Aufnahme neuer Mitglieder?

Gemäss Vereinsrecht ist die Mitgliederversammlung für die Aufnahme neuer Mitglieder zuständig. Allerdings können die Statuten diese Kompetenz einem anderen Organ übertragen. Von dieser Möglichkeit machen viele Vereine Gebrauch, indem sie dem Vorstand die Beurteilung der Beitrittsgesuche übertragen – und den Antragstellern bei der Vereinsversammlung teilweise eine Beschwerdemöglichkeit einräumen. Ohne ein solches internes Rechtsmittel können Ablehnungen von den Gesuchstellern nicht angefochten werden.

Sind Mitgliederkategorien erlaubt?

Weil ein Verein eine demokratisch aufgebaute Organisation ist, hat er grundsätzlich alle seine Mitglieder gleich zu behandeln. Trotzdem sind verschiedene Mitgliederkategorien zulässig, sofern diese in den Statuten ausdrücklich erwähnt sind und sich die Unterscheidungen sachlich begründen lassen. Typische und weitverbreitete Mitgliederkategorien sind Aktiv- und Passivmitglieder, Juniorinnen und Junioren, Ehren- und Freimitglieder. Hat sich beispielsweise der Präsident oder ein anderes Vorstandsmitglied während Jahrzehnten aufopferungsvoll für Ihren Sportclub eingesetzt, so ist das ein sachlicher Grund, ihn zum Ehrenmitglied zu ernennen, sodass er von allfälligen statutarisch vorgesehenen Vergünstigungen profitieren kann.

GUT ZU WISSEN *Neu geschaffene Mitgliederkategorien beziehungsweise die Neueinteilung in solche Kategorien dürfen die Rechtsstellung der betroffenen Mitglieder nachträglich nicht verschlechtern. Denn die zwingenden Rechte eines Vereinsmitglieds – zum Beispiel das Stimm- und Wahlrecht – können nicht durch eine Statutenänderung abgeschafft werden.*

Ende der Mitgliedschaft

So wie der Verein grundsätzlich nicht zur Aufnahme von Neumitgliedern verpflichtet ist, können bestehende Mitglieder nicht zum Verbleib im Verein gezwungen werden. Trotzdem verläuft das Ende der Mitgliedschaft erfahrungsgemäss oft nicht ohne Nebengeräusche.

Die Mitgliedschaft in einem Verein kann aus verschiedenen Gründen enden:
- Vereinsaustritt (siehe nächster Abschnitt)
- Ausschluss (siehe Seite 40)
- Ablauf einer befristeten Mitgliedschaft
- Todesfall (es sei denn, Statuten sehen Veräusserbarkeit und Vererblichkeit vor)

Nebst diesen Gründen können die Vereinsstatuten auch andere eindeutige Tatbestände aufführen, die automatisch zum Verlust der Mitgliedschaft führen – etwa die Nichtbezahlung des Mitgliederbeitrags, der Wegfall des Wohnsitzes oder die Änderung des Zivilstandes.

Vereinsaustritt

Wegen der Vereinsfreiheit muss der Austritt aus einem Verein immer möglich sein. Die Mitglieder müssen den Austritt zwar erklären, sie brauchen ihn aber nicht zu begründen. Je nach Wortlaut der Statuten muss die Austrittserklärung schriftlich erfolgen. Allerdings dürfen Sie den Austritt Ihrer Mitglieder nicht durch irgendwelche Formvorschriften erschweren. Er darf auch nicht mit der Auflage verknüpft werden, dass zuerst alle Pflichten erfüllt sein müssen. Insbesondere dürfen Ihre Mitglieder selbst dann austreten, wenn sie den Jahresbeitrag noch nicht bezahlt haben. Das Austrittsrecht ist zwingend.

Die Kündigungsfrist für den Austritt beträgt ein halbes Jahr auf das Ende des Kalender- oder des Vereinsjahres. Diese Frist darf in den Statuten nicht verlängert, aber zugunsten der Mitglieder verkürzt werden – sogar bis zur Möglichkeit des fristlosen Austritts.

Gibt es auch ausserordentliche Austrittsmöglichkeiten?

Besteht ein wichtiger Grund, der den Verbleib im Verein für ein Mitglied unzumutbar macht, ist ein sofortiger Austritt immer möglich. Das betroffene Mitglied muss einen solchen Austritt jedoch ausreichend begründen. Denkbar sind beispielsweise eine schwere Krankheit, berufliche oder familiäre Veränderungen.

Wenn es nicht mehr anders geht: Vereinsausschluss

Es ist eine Binsenwahrheit: Wo Menschen zusammenarbeiten, kann es auch mal zu Auseinandersetzungen kommen. Ziel eines guten Krisenmanagements (siehe Seite 173) ist, dass die Wogen sich wieder glätten respektive der Knatsch sich in positive Energie umwandelt. Sind die Fronten aber derart verhärtet, dass eine Einigung ausgeschlossen ist, wird die Vereinsleitung über einen Ausschluss nachdenken müssen.

Wenn es in den Statuten keine Regelungen für das Vorgehen gibt, so darf ein Mitglied nur aus wichtigen Gründen und durch Beschluss der Vereinsversammlung ausgeschlossen werden. Zu den wichtigen Gründen zählt primär vereinsschädigendes Verhalten (etwa ehrverletzende Äusserungen über die Vereinsleitung in der Öffentlichkeit oder der Griff in die Vereinskasse). Der Verein kann auch präzise Ausschlussgründe in die Statuten aufnehmen oder aber festlegen, dass eine Ausschliessung auch ohne Grundangabe möglich ist. Trifft Letzteres zu, ist das zuständige Vereinsorgan so lange frei, als es nicht willkürlich – also ohne sachlichen Grund – handelt oder gegen Treu und Glauben verstösst.

So oder so: Das betroffene Mitglied ist vor dem Ausschliessungsbeschluss anzuhören, und zwar auch dann, wenn die Statuten einen Ausschluss ohne Grundangabe vorsehen. Im Interesse einer transparenten Vereinspolitik sollten Ausschlüsse diskutiert werden können, was voraussetzt, dass die Gründe immer offengelegt werden.

GUT ZU WISSEN *Je nach Kompetenzregelung in den Statuten ist für den Ausschluss die Vereinsversammlung oder der Vorstand zuständig.*

Kann das betroffene Mitglied den Vereinsausschluss anfechten?

Der Ausschliessungsentscheid ist anfechtbar. Bevor ein betroffenes Mitglied allerdings das Gericht anrufen kann, muss es gegebenenfalls den vereinsinternen Instanzenzug ausschöpfen – also zum Beispiel bei der Vereinsversammlung Rekurs gegen den Vorstandsbeschluss einlegen. Wenn die GV von Anfang an zuständig war oder die Ausschliessung als Rekursinstanz gutgeheissen hat, kann das betroffene Mitglied innert eines Monats ans zuständige Gericht beziehungsweise an die Schlichtungsbehörde (ehemalige Friedensrichterämter) gelangen.

HINWEIS *Sehen die Statuten eine Ausschliessung ohne Grundangabe vor oder nennen sie konkrete Ausschliessungsründe, ist eine Anfechtung wegen des Grundes selbst nicht möglich – sondern nur wegen Verfahrensfehlern. Wenn hingegen ein Vereinsausschluss – wegen Fehlens einer statutarischen Regelung – nur aus wichtigen Gründen erfolgen darf, kann das Gericht den Beschluss frei überprüfen.*

4

Vereinsorganisation

Die Vereinsorgane treffen Entscheidungen, bringen nach aussen den Willen des Vereins zum Ausdruck oder schliessen für ihn Rechtsgeschäfte ab. Das Vereinsrecht schreibt nur zwei Organe zwingend vor: die Mitgliederversammlung und den Vorstand. Darüber hinaus sind Sie frei. Wie Sie die Organisation auf die Ziele, Grösse und Bedürfnisse des Vereins ausrichten, erfahren Sie in diesem Kapitel.

Das Grundkonzept der Vereinsorganisation

Wie bei einem demokratischen Staat ist das Grundkonzept der Vereinsorganisation die Gewaltentrennung: Oberstes Organ des Vereins ist die Mitgliederversammlung. Je nach Verein wird diese auch als Vereins-, Haupt-, Generalversammlung oder GV bezeichnet.

Als Legislative wählt die Mitgliederversammlung insbesondere den Vorstand und entscheidet in allen Angelegenheiten, die nicht anderen Vereinsorganen übertragen sind. Über Kompetenzen und Aufgaben der GV gibt ein eigenes Kapitel («Vereinsversammlung», siehe Seite 99) detailliert Auskunft.

Der Vorstand bildet das ausführende Organ des Vereins, also die Exekutive. Mit anderen Worten: Der Vorstand vollzieht die Beschlüsse der GV – er kann nur dann auf eigene Faust Entscheide für den Verein treffen, wenn er diese Kompetenz in den Statuten ausdrücklich übertragen erhalten hat. Drittes Organ ist die Revisionsstelle. Diese ist aber nur bei grossen Vereinen zwingend vorgeschrieben (siehe Seite 54).

Fazit: Von Gesetzes wegen benötigen die meisten Vereine nur eine Mitgliederversammlung und einen Vorstand als zwingende Organe. Es steht ihnen aber frei, in ihren Statuten weitere Organe einzuführen. Davon machen viele Vereine Gebrauch, indem sie beispielsweise auch ohne Revisionspflicht ein Kontrollorgan mit Revisoren einsetzen, das das Rechnungswesen oder die ganze Geschäftsführung des Vereins prüft. Grössere Vereine oder Verbände bestimmen auch oft ein Schiedsorgan, das bei vereinsinternen Streitigkeiten entscheidet. Mitgliederstarke und entsprechend finanzkräftige Vereine verfügen meist über ein Sekretariat oder eine Direktion für die Geschäftsführung und Verwaltung.

Der Vorstand – das geschäftsführende Organ

Der Vorstand führt die Geschäfte des Vereins: Er vollzieht die Beschlüsse der Vereinsversammlung, plant, organisiert, entscheidet, wo er entsprechende Kompetenzen hat, delegiert und kontrolliert die Vereinsarbeit. Er ist durch das Gesetz ausdrücklich verpflichtet, Buch zu führen über die Einnahmen und Ausgaben des Vereins sowie über seine Vermögenslage. Er vertritt den Verein nach aussen und schliesst in dessen Namen Rechtsgeschäfte ab (mehr zu den Themen Vertretungsmacht und Vertretungsbefugnis siehe Seite 60).

In den Statuten können dem Vorstand weitere Kompetenzen übertragen werden. Was nicht ausdrücklich zur Sache des Vorstands erklärt wird, bleibt in der Verantwortung der Mitgliederversammlung. Zweckmässigerweise wird in den Statuten auch die Ausgabenkompetenz des Vorstands möglichst genau festgelegt.

Grösse und Zusammensetzung

Ausschlaggebend für die Grösse und Zusammensetzung des Vorstands sind die Bedürfnisse und die Grösse des Vereins. Bei mittleren und grösseren Vereinen mögen demokratische Überlegungen dazu führen, den Vorstand so zusammenzusetzen, dass alle wichtigen Gruppierungen und Strömungen oder alle geografischen Regionen gebührend vertreten sind.

In kleineren Vereinen empfiehlt es sich, die Mitgliederzahl des Vorstands klein zu halten und zum Beispiel auf drei Personen zu beschränken. Je kleiner die Mitgliederzahl, desto kürzer sind die Diskussionen, desto schneller können Entscheidungen gefällt werden und desto einfacher ist der Verein zu führen. Bei Kleinstvereinen kann die Vereinsversammlung sogar identisch sein mit dem Vorstand. Es ist auch möglich, dass der Vereinsvorstand aus lediglich einer Person besteht. Generell empfehlenswert ist eine ungerade Zahl von Vorstandsmitgliedern, damit Abstimmungen zu eindeutigen Mehrheitsbeschlüssen führen.

HINWEIS *Das Vereinsrecht sieht zwar keine Mindestanzahl von Vorstandsmitgliedern vor. In den Statuten kann aber eine Minimalbesetzung des Vorstands festgelegt werden, was in der*

*Praxis häufig vorkommt. Ein Verein, der in seinen Statuten eine solche
Vorgabe verankert, muss sich bewusst sein, dass er damit einen
zusätzlichen Auflösungsgrund setzt – für den Fall, dass der Vorstand
nicht mehr statutengemäss besetzt werden kann (siehe Seite 57).*

Ämter und Funktionen

Je nachdem, wie viel Arbeit ein Amt im Vorstand mit sich bringt, ist die
Suche nach qualifizierten Mitgliedern nicht immer einfach. Begeisterung
für eine solche Führungsaufgabe und guter Wille sind wichtige Grund-
voraussetzungen. Angesichts der Tatsache, dass den Vorstand bei unsorg-
fältiger Geschäftsführung eine Haftung trifft (siehe Seite 182), sollten die
Mitglieder ihren Aufgaben auch gewachsen sein. Idealerweise bringen sie
zusätzlich folgende Eigenschaften mit:

- Führungs- und Organisationsgeschick
- Fachkompetenz im entsprechenden Aufgabengebiet
- Teamfähigkeit
- Zeitressourcen für die Arbeit im Vorstand
  (Sitzungen, externe Termine etc.)

In der Regel konstituiert sich der Vorstand selbst. Der Vorstand beschliesst
also in eigener Regie, wer welche Funktion übernimmt (Ausnahme: das
Präsidium). Die Statuten können die verschiedenen Funktionen aber auch
klar festlegen und vorsehen, dass die Vorstandsmitglieder diesen Ämtern
mittels Wahl an der GV verbindlich zugeordnet werden.

Ein Blick in den Beratungsalltag des Beobachters zeigt, dass die Vorstandsarbeit in den meisten Vereinen auf folgende Funktionen verteilt
wird: Präsidentin und Vizepräsident, Aktuarin und/oder Sekretär, Kassierin sowie Revisoren. In grösseren Vereinen sind zudem Kommunikations-
oder Marketingbeauftragte anzutreffen.

TIPP *Es empfiehlt sich, die Rechte und Pflichten in den Statuten
klar festzulegen und Pflichtenhefte für alle Ämter und Funktionen zu schaffen. Auf diese Weise kann sich erstens jedes potenzielle
Vorstandsmitglied ein Bild davon machen, worauf es sich bei einer
Wahl in den Vorstand einlassen würde. Zweitens verhindert der Ver-*

ein so, dass bei Unklarheiten die Vorstandsarbeit getrübt wird. Muster
für die verschiedenen Funktionsbeschriebe finden Sie im Anhang.

Präsidium

Die Präsidentin beziehungsweise der Präsident übernimmt eine wichtige
Verantwortung für das Wohlergehen des Vereins. Interessieren Sie sich
für das Präsidium, sollten Sie sich auf jeden Fall mit dem Vereinszweck
identifizieren und sich ganz besonders in den Dienst der Mitglieder stellen
können. Darüber hinaus sollten Sie die zur Vereinsführung nötigen Kenntnisse und Fähigkeiten sowie ausreichend Zeit und Energie haben. Zum
Präsidium gehört in der Regel folgender Aufgabenbereich:

- Repräsentation des Vereins – beispielsweise bei einem Anlass
  in der Gemeinde
- Vertretung des Vereins nach aussen – etwa bei Verhandlungen mit
  aussenstehenden Personen, Organisationen oder Gremien
- Abschluss von Verträgen im Namen des Vereins (je nach Regelung
  in den Statuten)
- Vorbereitung und Leitung der Vorstandssitzungen sowie der
  Mitgliederversammlungen
- Anlaufstelle für Anliegen jeglicher Art aus dem Verein
- Vermittlung von Streitigkeiten

Das Vereinsrecht weist dem Präsidenten oder der Präsidentin keine ausdrücklichen Kompetenzen zu, sondern nur dem Vorstand. Nach dem Ge-
setzeswortlaut hat dieser das Recht und die Pflicht, «…nach den Befugnissen, die die Statuten ihm einräumen, die Angelegenheiten des Vereins zu
besorgen und den Verein zu vertreten». Zudem ist der Vorstand für die
Einberufung der Vereinsversammlung zuständig. Weitere gesetzliche Ausführungen zu den Kompetenzen des Vorstands gibt es nicht. Fazit: Sollen
dem Präsidium klare Kompetenzen zugewiesen werden, so hat dies mit
einer entsprechenden Regelung in den Vereinsstatuten zu geschehen. Es
sei denn, aus den langjährigen Gewohnheiten im Verein liessen sich diese
Kompetenzen bereits ausreichend erschliessen.

TIPP *Sinnvollerweise sollten die Statuten es dem Präsidium*
erlauben, gewisse Entscheide in Eigenregie zu fällen, die
für die Vertretung des Vereins gegen aussen wichtig sind und nicht

aufgeschoben werden können. Nur so ist eine zielgerichtete und
wirkungsvolle Vereinsführung möglich.

Nebst der Vertretung des Vereins nach aussen liegt eine der Hauptaufgaben des Präsidiums bei der Vorbereitung und Leitung der Mitgliederversammlung (siehe dazu auch Seite 111). Insbesondere legt die Präsidentin der GV am Ende des Vereinsjahres einen Jahres- oder Rechenschaftsbericht vor, in dem sie über die hauptsächlichen Aktivitäten des Vereins, die wichtigsten Ereignisse und die Entwicklung des Mitgliederbestands Auskunft gibt und einen Ausblick auf das kommende Vereinsjahr und die längerfristige Entwicklung präsentiert. Rechenschaftsbericht und Jahresrechnung sind häufig die Basis, aufgrund derer die Vereinsmitglieder dem Vorstand an der Hauptversammlung Décharge erteilen (mehr dazu auf Seite 185). Weitere Hinweise zum Jahresbericht finden Sie im Abschnitt «Jahresbericht – was gehört dazu?» (Seite 124).

Vizepräsidium

Der «Vize» übernimmt normalerweise die Stellvertretung des Präsidenten. Interessieren Sie sich für das Vizepräsidium, sollten Sie deshalb dasselbe Anforderungsprofil erfüllen. Denn müssten Sie die Stellvertretung tatsächlich ausüben, hätten Sie in dieser Funktion dieselben Pflichten und Rechte wie die Person, die das Amt sonst innehat.

In der Stellvertretungsfunktion wird die Vizepräsidentin oft auf die Übernahme des Präsidiums vorbereitet. Sie wirkt quasi als rechte Hand des Präsidenten, bekommt Einblick in alle Geschäfte und kann dadurch Erfahrung in der Vereinsführung gewinnen. So ist nach einer allfälligen Wahl ins Präsidium eine problemlose Amtsübernahme möglich.

Finanzen

Wer im Verein die Finanzen verwaltet, trägt je nach Tradition unterschiedliche Namen: Kassier, Quästorin, Finanzchef, Säckelmeisterin, Schatzmeister, Rechnungsführerin oder Kassenwart. Wie bei politischen Führungsämtern gehören die Finanzen zu den Schlüsselfunktionen im Vereinsvorstand. Es kommt deshalb nur eine vertrauenswürdige Person dafür infrage – idealerweise mit Erfahrung in der Buchführung und / oder in der Vermögensverwaltung. Als Kassierin beziehungsweise als Kassier haben oder hätten Sie folgende Hauptaufgaben:

- Verwaltung des Vereinsvermögens (Kassen, Bankkonti etc.)
- Erledigung des Zahlungsverkehrs – also primär die Bezahlung von Rechnungen
- Einforderung der Guthaben, insbesondere der Mitgliederbeiträge
- Überwachung des Budgets und entsprechendes Reporting an den Vorstand
- Erstellung des Jahresabschlusses sowie des Budgets für das kommende Vereinsjahr
- Erschliessung neuer Finanzquellen (Fundraising)
- Finanzplanung und Controlling von Vereinsaktivitäten und Projekten

Ob der Verein seine Finanzen im Griff hat, hängt nicht nur von der Person der Kassierin oder des Kassiers ab. Wichtig ist auch, dass die für die Finanzverwaltung notwendigen Kompetenzen in den Statuten klar geregelt sind. Dazu gehören normalerweise:

- Selbständige Verwaltung des Vereinsvermögens in Absprache mit dem Vorstand
- Genehmigung der vom Vorstand beschlossenen Ausgaben im Rahmen der vorgegebenen Limiten
- (Mit-)Unterzeichnung von finanzrelevanten Rechtsgeschäften und Korrespondenzen
- Veranlassung von Betreibungen
- Abwicklung des Zahlungsverkehrs – allenfalls bis zu einer gewissen statutarischen Limite

HINWEIS *Regeln die Statuten die Verwaltung des Vereinsvermögens nicht, muss die Hauptversammlung über die Anlagestrategie (Ziele, Horizont, Risikoprofil, Instrumente etc.) entscheiden. Das bedeutet für den Finanzchef, dass er den Mitgliedern für die beabsichtigten Geldanlagen einen fundierten Antrag unterbreiten muss – mit dem Ziel, dass die GV ihm letztlich für dieses Geschäft auch Décharge erteilt.*

Übertragen die Vereinsstatuten die Vermögensverwaltung hingegen ausdrücklich dem Vorstand, dann ist dieser für die Wahl der Anlageform zuständig. Er muss aber – wie bei allen anderen Geschäften – sorgfältig handeln, um nicht haftpflichtig zu werden (siehe Seite 182). Insbesondere darf der Vorstand das Vereinsvermögen nicht in hoch spekulative Anlagen investieren – und er muss dafür sorgen, dass die Zahlungsfähigkeit des Vereins stets gewährleistet ist.

Nebst der Vermögensverwaltung und der Erledigung des Zahlungsverkehrs hat die Kassierin respektive der Kassier des Weiteren die Aufgabe, transparente Jahresrechnungen zu erstellen, die die Einnahmen und Ausgaben sowie die Differenz gegenüber dem Budget aufzeigen. Grössere Budgetabweichungen sind spätestens anlässlich der Generalversammlung gegenüber den Mitgliedern zu kommentieren und zu begründen.

DER PLAUSCHHOCKEYCLUB «ROCKING ICE DEVILS» ist ein kleiner Verein mit nur einer aktiven Mannschaft. Haupteinnahmequelle sind die Mitgliederbeiträge, wichtigster Ausgabenposten ist die Eisfeldmiete. Dementsprechend einfach kann es sich der Kassier bei der Jahresrechnung machen. Dennoch sollte er über Budgetabweichungen Rechenschaft ablegen, damit die ganze Rechnung von den Mitgliedern anstandslos abgenommen wird:

AUSZUG AUS DER JAHRESRECHNUNG DER «ROCKING ICE DEVILS»

Einnahmen	Budget	Rechnung	Kommentar
Mitgliederbeiträge	CHF 9000	CHF 10 000	2 neue Mitglieder Mehreinnahmen CHF 1000
Matchbeiträge Gegner	CHF 5000	CHF 4500	Absage von 2 Spielen Mindereinnahmen CHF 500
Ausgaben	**Budget**	**Rechnung**	**Kommentar**
Eisfeldmiete	CHF 10 000	CHF 9500	Absage von 2 Spielen Minderausgaben CHF 500
Schiedsrichterhonorar	CHF 1000	CHF 900	Absage von 2 Spielen Minderausgaben CHF 100

Eine umfassende Einführung in die Aufgabenbereiche des Kassiers, der
Kassierin mit allen technischen Details (Budgetieren, Führen der Vereinsbuchhaltung, Vermögensverwaltung usw.) würde den Rahmen dieses
Buches sprengen. Weiterführende Informationen finden Sie in der entsprechenden Literatur, ebenso ein Muster für die Funktionsbeschreibung
(beides im Anhang).

Aktuariat
Wichtigste Aufgabe der Aktuarin beziehungsweise des Aktuars ist die Protokollführung bei Sitzungen und Verhandlungen. Darum gibt es für diese
Funktion auch andere Bezeichnungen wie etwa Schreiber oder Schriftfüh-
rerin. In vielen – vor allem kleineren – Vereinen erfüllt das Aktuariat auch
die Aufgaben des Sekretariats (siehe dazu Seite 52).

Das Protokoll ist ein bedeutendes Führungsinstrument; es enthält sämtliche Beschlüsse und Aufträge. Weil Vereinsbeschlüsse vor einer vereinsinternen Rekursinstanz oder vor Gericht angefochten werden können, ist
eine seriöse Protokollierung besonders wichtig. Dementsprechend kommt
für die Besetzung des Aktuariats nur eine Person infrage, die – vor allem
am Computer – schreibgewandt ist und effizient, aber trotzdem gewissen-
haft arbeitet.

TIPP *Wer protokollieren muss, konzentriert sich vorwiegend auf diese Aufgabe und kann sich deshalb möglicherweise
nur beschränkt an der Diskussion beteiligen. Als Lösungsansatz
setzen viele Vereine nach Absprache mit den Anwesenden Aufnahme-
geräte ein. Aus Sicherheitsgründen – für den Fall einer technischen Panne – sollten die wichtigsten Verhandlungspunkte und alle
Beschlüsse trotzdem auch schriftlich festgehalten werden.*

Wenn die Vereinsstatuten kein Aktuariat vorsehen, muss der Vorstand
dessen Aufgaben anderweitig verteilen. Das Protokollieren ist aber eine
aufwendige Arbeit. Deshalb kann es sinnvoll sein, das Sekretariat – das
sonst schon genug Schreibarbeit zu erledigen hat – davon zu entlasten.
Die Protokollführung kann also auch einem anderen Vorstandsmitglied
übertragen oder abwechslungsweise von verschiedenen Vorstandsmitgliedern erledigt werden.

CHECKLISTE: DAS EINMALEINS DER PROTOKOLLFÜHRUNG

■ Klären Sie im Voraus, ob ein schlichtes Beschluss- oder ein ausführliches Verhandlungs-protokoll zu erstellen ist.

■ Bereiten Sie für die Generalversammlung eine Präsenzliste vor, auf der sich die anwesen-den Mitglieder eintragen können. Sie bildet die Grundlage für die Berechnung des absoluten Mehrs (siehe dazu Seite 122).

■ Halten Sie die Art des Anlasses (Vorstandssitzung, Hauptversammlung etc.), die Nummer des Protokolls sowie Ort, Datum und Zeit fest.

■ Notieren Sie, wer den Vorsitz führt.

■ Tragen Sie Entschuldigungen und unentschuldigte Absenzen ein.

■ Fügen Sie die ganze Traktandenliste direkt zu Beginn in das Protokoll ein.

■ Halten Sie Anträge und Beschlüsse möglichst im Originalwortlaut fest. Lassen Sie Ihre Formulierung während der Sitzung oder Versammlung verifizieren, indem Sie zum Beispiel direkt beim Antragsteller nachhaken.

■ Führen Sie das Protokoll ansonsten so einfach wie möglich; fassen Sie insbesondere lange Diskussionen zusammen.

■ Schreiben Sie den Zeitpunkt des Sitzungsendes sowie den neuen Sitzungstermin auf.

■ Klären Sie, wer das Protokoll erhalten soll – und ob der Vorsitzende es mitunterzeichnen muss.

TIPP *Am einfachsten erledigen Sie die Protokollführung, wenn Sie an die Sitzung respektive an die Versammlung gleich Ihr Notebook oder einen anderen tragbaren (Tablet-) Computer mit Tastatur und Textverarbeitungsprogramm mitnehmen. Auf diese Weise können Sie das Protokoll schon vor der Sitzung als Dokument mit integrierter Traktandenliste vorbereiten und während der Verhandlungen das Wichtigste direkt eintippen.*

Sekretariat

Das Sekretariat ist zuständig für die Vereinsadministration – also insbe-sondere für die Verwaltung des Adress- und Mitgliederverzeichnisses, die Erledigung des Versandwesens und die gesamte Korrespondenz. Die Se-kretärin beziehungsweise der Sekretär betreut aber auch den Auskunfts-dienst (zum Beispiel Anfragen per Telefon und E-Mail) sowie das Vereins-archiv. Dementsprechend sind für dieses Amt kaufmännische Kenntnisse oder Berufserfahrung von Vorteil.

Was die Organisation der Administration betrifft, so werden die Sekretariatsarbeiten in kleinen Vereinen vielfach vom Aktuar oder von der Kassierin übernommen. Grössere Vereine führen hingegen oft ein Sekretariat mit bezahltem Personal. Letzteres untersteht entweder direkt dem Präsidium oder einem anderen durch die Statuten bestimmten Vorstandsmitglied – etwa dem Ressort Finanzen und Administration.

HINWEIS *Arbeitet der Sekretär nicht als ehrenamtliches Vereinsmitglied, sondern ist er im Stunden- oder Monatslohn angestellt, so besteht zwischen ihm und dem Verein ein normales Arbeitsverhältnis nach den Regeln des Obligationenrechts (Artikel 319ff. OR) – mit den entsprechenden Rechten und Pflichten (Lohn, Ferien, Kündigungsschutz, Sozialversicherungen etc.). Ein Muster für den Stellenbeschrieb für das Sekretariat sowie Literatur zur Führung professioneller Korrespondenz finden Sie im Anhang.*

Kommunikation, Marketing

Sei es der Beitritt von Neumitgliedern, die Erschliessung neuer Einnahmequellen oder die Benützung öffentlicher Infrastruktur – jeder Verein hat Ziele, für deren Erreichung die Kommunikation eine wichtige Rolle spielt. Deshalb befasst sich praktisch jeder Verein in irgendeiner Form mit Kommunikations- und Marketingmassnahmen – bewusst oder unbewusst. Erfahrungsgemäss werden die Aufgaben in kleinen Vereinen entweder gleich in Eigenregie vom Präsidenten erledigt, oder dann teilen sich die Vorstands- und/oder Vereinsmitglieder die Arbeiten auf: Der Mannschaftskapitän schreibt den Spielbericht für die Lokalzeitung, die Kassierin schaltet ein Inserat, und der Sekretär gestaltet den Flyer für den nächsten Vereinsanlass. Nur grössere Vereine «leisten» sich bisweilen eine in- oder externe Fachperson für diese Disziplin.

Der Erfolg der Kommunikation jedes – wenn auch noch so kleinen – Unternehmens hängt davon ab, ob die Massnahmen auf einem durchdachten Konzept basieren und aufeinander abgestimmt sind. Zudem können heutzutage auch Vereine ohne grosses Budget dank Internet und Social Media sehr effektiv kommunizieren. Aus diesem Grund lohnt es sich, die Kommunikation und das Marketing als eigenständige Funktion in den Vereinsvorstand aufzunehmen. Gerade dieses Amt vermag möglicherweise auch jüngere Mitglieder für die Vorstandsarbeit zu begeistern. Die Kommunikations- und Marketingbeauftragte bringt idealerweise Erfahrung im Bereich Medien, PR oder Marketing mit, denn zu ihren Hauptaufgaben gehören im Wesentlichen:

- Erarbeitung eines Marketing- und Kommunikationskonzepts (siehe Seite 152)
- Planung, Ausführung und Kontrolle der Marketing- und Kommunikationsmassnahmen
- Erledigung der Medienarbeit

Die Kompetenzen der Kommunikations- und Marketingbeauftragten orientieren sich logischerweise an den zu erfüllenden Aufgaben. In der Praxis wird sie das vom Vorstand abgesegnete Marketing- und Kommunikationskonzept innerhalb des von der GV bewilligten Budgets umsetzen. Über einzelne wichtige oder budgetrelevante Massnahmen – wie etwa die Neugestaltung der Website oder eine breite Werbekampagne – entscheidet in der Regel der Vorstand.

Ein Muster für die Funktionsbeschreibung für das Amt der Öffentlichkeitsarbeit finden Sie im Anhang.

Revision

Die meisten Vereine müssen ihre Buchführung nicht von einer Revisionsstelle überprüfen lassen. Denn: Revisionspflichtig sind nur Vereine, die in zwei Geschäftsjahren nacheinander zwei der folgenden Grössen überschritten haben:

- Bilanzsumme von 10 Millionen Franken
- Umsatzerlös von 20 Millionen Franken
- 50 Vollzeitstellen im Jahresdurchschnitt

Darüber hinaus müssen sich Vereine wenigstens einer eingeschränkten Revision unterziehen, wenn ein Vereinsmitglied, das einer persönlichen Haftung oder einer Nachschusspflicht unterliegt, dies verlangt. Bei allen anderen Vereinen ist die Revision grundsätzlich freiwillig.

Die Revisoren oder Buchprüferinnen werden von der Hauptversammlung in dieses Amt gewählt – meist zu zweit. Häufig gibt es eine dritte Person als Ersatz, die nach zwei oder drei Jahren nachrückt. In grösseren Vereinen werden oft zusätzlich professionelle Externe wie Treuhandbüros oder Revisionsgesellschaften hinzugezogen. Die Hauptverantwortung für

die Überprüfung der Buchhaltung bleibt aber bei den durch die Haupt-
versammlung für die Revision gewählten Personen. Entsprechend ihrer
Verantwortung sollten Revisorinnen respektive Revisoren Kenntnisse
oder – noch besser – langjährige Erfahrung in Sachen Buchhaltung und
Bilanzvorschriften haben. Die Revision umfasst in der Regel folgende
Aufgaben:

- Kontrolle der Buchhaltung und des Jahresabschlusses auf ordnungsge-
  mässe Führung und Übereinstimmung mit den gesetzlichen (steuer- und
  handelsrechtlichen) sowie den statutarischen Vorschriften
- Überprüfung der Darstellung des Rechnungsergebnisses und der Ver-
  mögenslage
- Untersuchung der Einnahmen und Ausgaben auf ihre vollständige und
  zulässige Verbuchung
- Beratung des Vorstands – zum Beispiel bei buchhaltungstechnischen
  Fragen oder bevorstehenden Investitionen
- Erstellung des Revisionsberichts zuhanden der Hauptversammlung

Um ihre Aufgaben ordnungsgemäss erfüllen zu können,
haben Revisorinnen und Revisoren die Kompetenz,
Kontrollen und Stichproben über sämtliche Geschäfts-
vorgänge durchzuführen und alle Belege und Buchhal-
tungsunterlagen einzusehen. Im Gegenzug sind sie den
Mitgliedern gegenüber verantwortlich, indem sie ihnen
eine verlässliche Grundlage schaffen, um dem Vereinsvorstand Décharge erteilen zu können. Übersieht die

TRANSPARENZ
Ein Verein, der Wert auf
Transparenz legt, sollte seine
Buchhaltung von Fachleu-
ten überprüfen lassen, die
nicht im Vorstand tätig sind.

Revision Unregelmässigkeiten in der Buchführung, die sie bei pflichtge-
mässer Sorgfalt hätte aufdecken sollen, kann das haftpflichtrechtliche Konsequenzen nach sich ziehen (siehe dazu Seite 182).

HINWEIS *Bevor Sie als Revisorin oder Revisor Ihren Bericht
veröffentlichen, sollten Sie diesen dem Vereinsvorstand und
vor allem dem Kassier eröffnen und gegebenenfalls über Feststellungen
und Vorschläge diskutieren. Erst nachher empfehlen Sie der Hauptversammlung – je nach Ergebnis Ihrer Überprüfung –, die Jahresrechnung anzunehmen oder gegebenenfalls abzulehnen.*

Die Wahl des Vorstands

Im Normalfall wählt die Vereinsversammlung den Vorstand. Die Statuten können aber auch ein anderes Gremium damit betrauen – zum Beispiel eine Sektion. Die Statuten können sogar bestimmen, dass die Zugehörigkeit zum Vorstand direkt – und ohne Wahl – geschieht, indem sie die sachlichen Voraussetzungen umschreiben. So ist zum Beispiel denkbar, dass die Leiterin einer privaten Kinderkrippe automatisch Vorstandsmitglied im Trägerverein wird. Schliesslich können die Statuten dem Vorstand die Kompetenz einräumen, sich selbständig zu ergänzen – zum Beispiel beim Todesfall eines Mitglieds während der Amtsdauer.

Wer darf im Vorstand mitarbeiten?

Der Grundsatz ist ganz einfach: Jede handlungsfähige Person ist generell als Vorstandsmitglied wählbar. Wer (noch) nicht handlungsfähig, aber (schon) urteilsfähig ist – also insbesondere Kinder –, kann ebenfalls in einem Vereinsvorstand mitwirken, wenn die gesetzliche Vertretung (Eltern) damit einverstanden ist. Als rechtmässig Gewählte kann diese Person dann im Vorstand völlig unabhängig entscheiden.

KURIOS?
Gemäss einem Bundesgerichtsurteil dürfen sogar Nichtmitglieder in den Vorstand gewählt werden.

Theoretisch können auch juristische Personen – also etwa ein anderer Verein oder eine AG – Mitglied eines Vereinsvorstands sein. Der Verein müsste sich aber vorher gut überlegen, wie eine solche Mitarbeit konkret auszusehen hätte, und gestützt darauf die entsprechenden Regeln in die Statuten aufnehmen.

Gilt für Vorstandsmitglieder eine Amtsdauer?

Die Vorstandsmitglieder werden für eine bestimmte Amtsdauer gewählt. Sehen die Statuten keine ausdrückliche Amtsperiode vor, werden die Vorstandsmitglieder jährlich an der Vereinsversammlung gewählt beziehungsweise im Amt bestätigt. Viele Vereine legen in ihren Statuten eine längere Amtsdauer fest. So oder so – nach Ablauf einer solchen Legislatur steht die Wiederwahl an, ausser die Statuten enthalten auch eine maximale Amtszeit. Ist das der Fall, scheiden die Mitglieder nach Ablauf der ihnen statutarisch zugestandenen Amtszeit automatisch aus dem Vorstand aus.

HINWEIS *Eine Amtszeitbeschränkung hat den Vorteil, dass sie den Verein quasi dazu zwingt, kontinuierlich jüngere Vereinsmitglieder in die Leitung einzubinden. Bei Vereinen, die eine Mindestanzahl von Vorstandsmitgliedern vorsehen, kann sich die maximale Amtszeit aber auch nachteilig auswirken, weil der verbleibende Vorstand und die Mitglieder – gehauen oder gestochen – neue Interessenten finden müssen, um nicht einen zwingenden Auflösungsgrund zu schaffen (siehe dazu Seite 45).*

Beginn und Ende der Vorstandszeit

Die Vorstandstätigkeit beginnt nach dem in den Statuten vorgegebenen Termin. Enthalten die Statuten keine entsprechende Regelung, wird der Start nach Vereinsusanz oder nach Absprache mit dem Vorstand festgelegt. Der Amtsantritt kann zum Beispiel per sofort oder mit Beginn des nächsten Vereinsjahres erfolgen.

Grundsätzlich haben Sie als Vorstandsmitglied eine festgelegte Amtsperiode zu absolvieren. Sie sind aber – in analoger Anwendung des Auftragsrechts – berechtigt, jederzeit zurückzutreten. Allerdings sollten Sie sich diesen Schritt gut überlegen. Denn: Erfolgt Ihr Rücktritt für den Verein «zur Unzeit», kann er von Ihnen Schadenersatz verlangen.

DER VEREINSPRÄSIDENT ERKLÄRT unmittelbar nach der Vorstandssitzung, bei der er mit einem Antrag nicht durchgekommen ist, seinen Rücktritt. In der Folge kümmert er sich nicht mehr um die Angelegenheiten des Vereins und instruiert auch kein anderes Vorstandsmitglied. Deswegen verpasst der Verein wichtige Fristen für die Geltendmachung von Subventionen – dem Verein entgehen Tausende von Franken. Er gelangt mit einer entsprechenden Schadenersatzforderung an den ehemaligen Präsidenten.

Wie in der Arbeitswelt arbeiten auch im Vorstand Menschen zusammen. Dementsprechend kann das Ende der Vorstandstätigkeit noch andere Gründe haben – insbesondere die Abwahl oder Nichtwiederwahl, der Wegfall einer Wählbarkeitsvoraussetzung (beispielsweise wegen eines Wohnsitzwechsels) oder der Vereinsaustritt.

Unabhängig vom Grund gehört es in einem solchen Fall zu Ihren Sorgfaltspflichten, für eine reibungslose Amtsübergabe zu sorgen. Führen Sie Ihren Nachfolger oder Ihre Nachfolgerin gründlich in den Aufgabenbereich ein und übergeben Sie geordnet alle nötigen Unterlagen.

Abberufung des Vorstands

Ein Vorstand hat weitreichende Kompetenzen: Dazu gehört alles, was durch den Vereinszweck gedeckt und gemäss Statuten nicht verboten ist. Durch sein Verhalten verpflichtet er den Verein. Läuft etwas schief, hat der Verein für die Folgen einzustehen. Als Gegengewicht zu dieser Vollmacht des Vorstands gibt das Vereinsrecht der Mitgliederversammlung das Recht, den Vorstand oder einzelne Vorstandsmitglieder abzusetzen. In den Statuten können die Gründe für eine Abberufung festgelegt werden.

Eine Absetzung kann statutarisch auch ausgeschlossen werden. Die Abberufung aus «wichtigen Gründen» bleibt allerdings immer möglich. Wichtige Gründe sind etwa gegeben, wenn der Vorstand oder ein einzelnes seiner Mitglieder seine Kompetenzen massiv überschreitet, fachlich unfähig ist oder das Vereinsvermögen für eigene Zwecke verwendet. Absetzungen sind auch möglich, wenn sich ein Verein völlig neu organisiert.

HINWEIS *Eine Abberufung kann finanzielle Folgen haben, falls ein Arbeitsverhältnis mit dem oder den Entlassenen besteht. Der Verein muss deshalb äusserst sorgfältig abwägen, ob tatsächlich ein «wichtiger Grund» vorliegt, bevor er Arbeitsverhältnisse mit Vorstandsmitgliedern fristlos kündigt. Fehlen diese «wichtigen Gründe» oder werden sie vor Gericht als nicht wichtig taxiert, kann die Entlassung Schadenersatzansprüche nach sich ziehen.*

Vorstandsarbeit im Alltag

**Mit der Wahl in den Vorstand schenken die Mitglieder dem Gewähl-
ten nicht einfach nur das Vertrauen. Juristisch betrachtet begründet der Wahlakt einen – meist ungeschriebenen – Vertrag, ein sogenanntes organschaftliches Rechtsverhältnis zwischen dem Verein
und dem Vorstandsmitglied.**

Konkret werden die Vorstandsmitglieder durch die Vereinsversammlung
beauftragt, die durch das Gesetz, die Statuten und die Vereinsbeschlüsse
gegebenen Aufgaben zu erledigen. Je nachdem, wie dieses Mandat ausgestaltet ist, handelt es sich dabei um ein auftragsähnliches Verhältnis (Artikel 394 ff. OR) oder um einen Einzelarbeitsvertrag (Artikel 319 ff. OR).
Bei den meisten Vereinen liegt wohl ein auftragsähnliches Verhältnis vor.
Nur bei grossen Vereinen dürfte der Einzelarbeitsvertrag zum Einsatz kommen. So oder so – als Vorstandsmitglied sind Sie aufgrund dieser gesetzlichen Regelungen zu sorgfältiger Amtsführung verpflichtet.

Vertretung nach aussen

Auch wenn der Verein juristisch gesehen eine Rechtspersönlichkeit hat
und somit rechtsfähig ist, wird er dadurch nicht auch schon handlungsfähig. Er kann erst handeln, wenn seine Organisation feststeht, wenn also
seine Organe bestimmt sind. Die Vereinsversammlung ist zwar zwingend
das oberste Organ des Vereins, aber sie tritt nach aussen hin nicht selber
auf. Dies wäre rein praktisch auch gar nicht möglich. So können beispielsweise nicht hundert Vereinsmitglieder gemeinsam einen Vertrag mit einem
aussenstehenden Dritten unterzeichnen.

Das Gesetz sieht vor, dass neben der Vereinsversammlung als weiteres
Organ ein Vorstand eingesetzt wird. Der Vorstand besorgt die Geschäftsführung und vertritt den Verein nach aussen. Verträge mit Dritten werden also
vom Vorstand abgeschlossen. Er ist auch Ansprechpartner für Aussenstehende. Kündigungen, behördliche Verfügungen und gerichtliche Vorladungen,
die den Verein betreffen, müssen an den Vorstand gerichtet werden.

Kollegialitätsprinzip

Der Vorstand handelt – ausser es sei in den Statuten anders festgeschrieben – nach dem Kollegialitätsprinzip. In der Praxis bedeutet dies, dass jedes Mitglied seine Meinung innerhalb des Vorstands gleichberechtigt vertreten darf. Letztlich muss sich das Gremium aber zu einem Entscheid durchringen, den alle mittragen können.

Auch Vorstandsmitglieder, die sich mit ihren Argumenten nicht durchsetzen konnten, vertreten nach aussen die Mehrheitsmeinung des Vorstands.

Vertretungsmacht und Vertretungsbefugnis

Als Vorstandsmitglied dürfen Sie den Verein grundsätzlich unbeschränkt nach aussen vertreten. Sie haben also die Vertretungsmacht, dürfen für Ihren Verein handeln und für den Verein Verpflichtungen eingehen. Ihre Vertretungsmacht kann jedoch durch die Statuten oder durch Reglemente eingeschränkt werden. Allerdings: Diese sogenannte Vertretungsbefugnis ist für aussenstehende Dritte nicht bindend. Es sei denn, der Verein lässt diese im Handelsregister eintragen oder macht die Einschränkungen Dritten gegenüber auf andere Weise – beispielsweise mit einem Rundschreiben – bekannt.

Gibt es keine Regelungen in den Vereinsstatuten, welche die Vertretungsmacht einschränken, können aussenstehende Vertragspartner davon ausgehen, dass die Verpflichtungen, die ein Vorstandsmitglied im Namen des Vereins eingeht, rechtlich vollumfänglich bindend sind. Einzige Voraussetzung: Diese Verpflichtungen müssen durch den Vereinszweck gedeckt sein. Der Kassier des Plauschhockeyclubs «Rocking Ice Devils» kann also seinen Verein nicht durch die Vornahme riskanter Börsenspekulationen verpflichten. Für solche Geschäfte haftet er selber.

HINWEIS *Überschreitet ein Vorstandsmitglied schuldhaft die ihm zustehenden Vertretungsbefugnisse, haftet gegenüber Dritten wegen der Vertretungsmacht zwar der Verein. Allerdings kann der Verein das schuldige Vorstandsmitglied zur Rechenschaft ziehen und insbesondere Regress nehmen, wenn ihm nachweislich ein finanzieller Schaden entstanden ist – zum Beispiel wenn eine unrechtmässige Anschaffung nur mit Verlust verkauft werden konnte.*

Finanzkompetenzen klar regeln

Der Vorstand ist von der Vereinsversammlung beauftragt, nach bestem Wissen und Gewissen dafür zu sorgen, dass der Vereinszweck erfüllt werden kann. Dies gilt auch für die finanziellen Belange des Vereins. Es gibt keine konkret anwendbaren Gesetzesbestimmungen zur Höhe der Finanzkompetenzen. Vereine, die auf der sicheren Seite sein wollen, sollten deshalb die finanziellen Kompetenzen und die Unterschriftenregelung für das Präsidium, den Vorstand und die einzelnen Vorstandsmitglieder in den Statuten, dem Vorstandsreglement oder den Pflichtenheften festhalten.

Selbst wenn solche Bestimmungen fehlen, muss der Vorstand dafür sorgen, dass sich der Verein finanziell nicht übernimmt. Er muss die Mittel optimal einsetzen. Mit Vorteil unterbreitet er deshalb der Generalversammlung ein Budget für das kommende Vereinsjahr. Wird es von den Mitgliedern angenommen, ist der Vorstand an dieses Budget gebunden. Hält er sich daran, kann man ihm später in diesem Bereich keine Verletzung der Sorgfaltspflicht vorwerfen.

Organisation der Vorstandsarbeit

Der Erfolg eines Vereins hängt wesentlich von der Arbeit seines Vorstands ab. Als Vorstandsmitglied wirken Sie meist ehrenamtlich und stecken möglicherweise einen beträchtlichen Teil Ihrer Freizeit in diese Arbeit. Damit dies möglichst wirkungsvoll und zielgerichtet geschieht, sind Sie auf eine sinnvolle Organisation angewiesen. Verantwortlichkeiten, Aufgaben und Kompetenzen müssen klar definiert und aufeinander abgestimmt sein, damit in der Vorstandsarbeit keine Leerläufe, Widersprüche oder Doppelspurigkeiten auftreten.

Die Grundsätze für die Vereinsorganisation werden in den Statuten und im Leitbild (siehe Seite 65) festgehalten. Aufgrund dieser Vorgaben trifft der Vorstand die organisatorischen Massnahmen, damit der Verein gut funktioniert. Achten Sie darauf, eine klare, für alle Beteiligten verständliche Führungsstruktur zu schaffen und mit den zur Verfügung stehenden Mitteln wirtschaftlich umzugehen. Als bewährte Hilfsmittel dienen das Vereinsorganigramm, Funktionsbeschreibungen, Funktionendiagramme, ein Vorstands- und ein Personalreglement.

Aufgabenkatalog

Bevor Sie sich in Sachen Vorstandsorganisation festlegen, sollten Sie einen Aufgabenkatalog erstellen. Auch wenn Ihr Verein nicht in der obersten Liga spielt – es lohnt sich, einen Überblick über die anfallenden Aufgaben zu haben. So könnte ein solcher Katalog aussehen:

- **Planung:** langfristige Vereinsziele, Mehrjahres- und Jahresplanung, Kontrolle der Zielerreichung
- **Organisation spezieller Vereinsaufgaben** (je nach Vereinszweck): Anlässe, Trainings, Infrastruktur, Material etc.
- **Mitgliederbetreuung:** Bedürfnisermittlung, Dienstleistungen
- **Personelles:** Personalplanung und -rekrutierung (zum Beispiel Trainer), Führung und Personalentwicklung
- **Kommunikation / Marketing:** in- und externe Kommunikation mit relevanten Zielgruppen (Mitglieder, Sponsoren, Behörden etc.)
- **Finanz- und Rechnungswesen:** Finanzplanung, Buchhaltung, Inkasso, Fundraising, Vermögensverwaltung, Rechnungsprüfung
- **Administration / EDV:** Mitgliederverwaltung, Beschaffung und Einsatz von EDV, Protokolle, Ablage, Archiv, Versicherungen
- **Vereinsversammlung:** Organisation der GV

TIPP *Versuchen Sie nun, anhand des Aufgabenkatalogs die einzelnen Aufgaben zu gewichten und in ein logisches Gesamtkonzept einzuordnen. Behalten Sie dabei die langfristigen Vereinsziele im Auge. Gliedern Sie die Aufgaben in Verantwortungsbereiche auf und stellen Sie das Zusammenwirken dieser Bereiche sicher. Lassen Sie sich nicht von den gegenwärtigen personellen Gegebenheiten leiten, sondern erstellen Sie eine möglichst sinnvolle Organisation.*

Vereinsorganigramm

Ordnen Sie die Verantwortlichkeiten, Aufgaben und Kompetenzen den verschiedenen Organen, Funktionen und Stellen zu. Daraus lässt sich das Organigramm ableiten, aus dem gegebenenfalls auch die verschiedenen Unterstellungen (Führungshierarchie) hervorgehen. Streben Sie eine möglichst flache Hierarchie an – und vermeiden Sie Mehrfachunterstellungen. Ein Beispiel für ein einfaches Organigramm finden Sie nebenan.

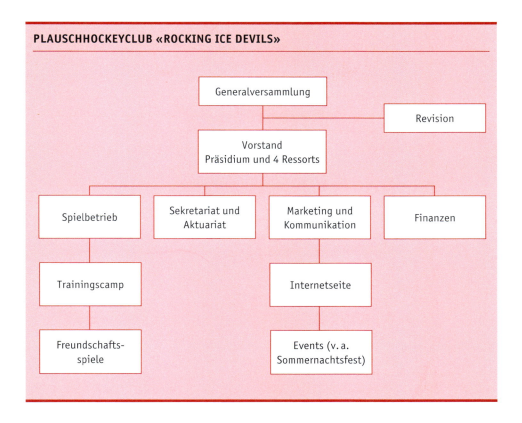

PLAUSCHHOCKEYCLUB «ROCKING ICE DEVILS»

- Generalversammlung
- Revision
- Vorstand
  Präsidium und 4 Ressorts
- Spielbetrieb
- Sekretariat und Aktuariat
- Marketing und Kommunikation
- Finanzen
- Trainingscamp
- Internetseite
- Freundschaftsspiele
- Events (v. a. Sommernachtsfest)

Funktionsbeschreibungen

Für alle Funktionärinnen und Funktionäre erstellen Sie nun klare Funktionsbeschreibungen, wie sie im Kapitel «Ämter und Funktionen» (Seite 46) beschrieben sind. Im Anhang finden Sie entsprechende Muster. Übertragen Sie einer Funktion immer die volle Kompetenz, damit sie die zugewiesene Aufgabe selbständig erfüllen kann. Bei entlöhnten Angestellten tritt anstelle der Funktionsbeschreibung die Stellenbeschreibung.

Hat Ihr Verein für bestimmte Aufgaben besoldete Angestellte, müssen die Aufgaben und Kompetenzen der Ehrenamtlichen und der Angestellten gut aufeinander abgestimmt werden. Ehrenamtliche werden eher Kontrollfunktionen, Angestellte eher Ausführungsfunktionen erfüllen. In diesem Zusammenhang überprüfen Sie am besten auch, ob es sinnvoll ist, gewisse Aufgaben an Externe auszulagern.

Funktionendiagramm

Mit dem Gesamtkonzept, dem Organigramm und den Funktionsbeschreibungen sind Sie nun in der Lage, für einzelne Vereinsaufgaben und Geschäftsabläufe Funktionendiagramme und Reglemente zu erstellen. Ein Beispiel für ein Funktionendiagramm finden Sie in der Tabelle unten, ein Muster für das Vorstandsreglement im Anhang.

Die drei wichtigsten Funktionen sind: entscheiden, Antrag stellen, informiert werden. Zusätzlich möglich wären etwa initiativ werden (Themen aufgreifen), planen und entscheidungsreif vorbereiten, Mitsprache, Anhörung, ausführen, Kontrolle.

> **HINWEIS** *Der Organisationsentwurf (inklusive Organigramm, Funktionsbeschreibungen, Funktionendiagramm) sollte innerhalb des Vereins mit allen Beteiligten und Betroffenen besprochen und*

MUSTER: FUNKTIONENDIAGRAMM

Aufgaben	GV	Vorstand	Präsidium	Vorstands-mitglied	Revisoren	Vereins-mitglied
Leitbild	Entscheid	Antrag	Beraten	Beraten	Information	Information
Statuten-revision	Entscheid	Antrag	Beraten	Beraten	Information	Information
Höhe Jahresbeitrag	Entscheid	Antrag	Beraten	Beraten	Information	Information
Vorstands-reglement	Information	Entscheid	Antrag	Antrag	Information	
Funktions-beschrieb	Information	Entscheid	Antrag	Antrag	Information	
Funktionen-diagramm	Information	Entscheid	Antrag	Antrag	Information	
Unterschrif-tenregelung	Information	Entscheid	Antrag	Antrag	Information	

Die aufgelisteten Aufgaben betreffen die Grundsätze – wie etwa das Leitbild – und die Organisation des Vereins.	Sie können das Diagramm ganz den vereinsspezifischen Gegebenheiten anpassen, also weitere Spalten für Vorstandsressorts, Geschäftsleitung, Projektgruppen oder Sekretariat einfügen.

überprüft werden. Nur so lassen sich Mängel und Lücken auf-
decken, die Akzeptanz fördern und Anregungen zur Weiterentwick-
lung aufnehmen.

Orientierungshilfe für den Vorstand: das Leitbild

Als Orientierungs- und Führungsinstrument gehört das Leitbild für viele Unternehmen zum Standard. Doch auch in Vereinen kann ein Leitbild sehr nützlich sein, indem es ihren ideellen und ethischen Hintergrund umschreibt, aufzeigt, welchen Werten sie verpflichtet sind, welche Ziele sie verfolgen, welchen hauptsächlichen Aufgaben sie sich widmen und welche Vereinskultur sie anstreben. Etwas anders ausgedrückt, beantwortet das Leitbild dem Vorstand, aber auch den Mitgliedern die Fragen «Wofür steht unser Verein?» (Vision), «Was wollen wir gemeinsam erreichen?» (Mission) und «Von welchen Werten und Prinzipien lassen wir uns bei unseren Aktivitäten leiten?».

Ein überzeugendes Leitbild braucht Zeit

Wie der Verein selbst kann sich auch das Leitbild verändern. Dementsprechend muss es regelmässig anhand der gelebten Wirklichkeit überprüft und dieser allenfalls angepasst werden. Wichtig ist dabei, dass das Leitbild nicht im stillen Kämmerlein erarbeitet respektive angepasst wird – sondern unter Einbezug sämtlicher Zielgruppen innerhalb und ausserhalb des Vereins. Auf Seite 67 finden Sie eine Checkliste, die Ihnen bei der Erstellung des Leitbilds behilflich ist.

AUCH WENN DER PLAUSCHHOCKEYCLUB «Rocking Ice Devils» nur ein kleiner Verein mit einer einzigen Mannschaft ist, nimmt er am Gemeindeleben aktiv teil. Deshalb hat sich der Club folgendes Leitbild gegeben:

1. Mitglieder
Im Plauschhockeyclub «Rocking Ice Devils» (nachfolgend PHC RID genannt) haben sich eishockeybegeisterte Männer, die in der Region aufgewachsen sind, zusammengeschlossen. Die Grundwerte

des PHC RID und seiner Mitglieder sind die Freude am Hockeysport, Geselligkeit, Solidarität und Fairness – auf und neben dem Eis.

2. Zweck
Die Verantwortlichen des PHC RID schaffen das nötige Umfeld, damit die Mitglieder den Plauschhockeysport unter möglichst optimalen Bedingungen ausüben können.

3. Sport
Der PHC RID trägt mit anderen Plauschhockeyvereinen Freundschafts-spiele (Seniorenregeln) aus. Er nimmt an keiner Meisterschaft teil. Darüber hinaus unterstützt der PHC RID Behörden und Organisatio-nen bei der Förderung des Hockeysports – zum Beispiel durch aktive Mitarbeit in Feriencamps und ähnlichen Aktivitäten für Kinder.

4. Öffentlichkeit
Der PHC RID hat zur Öffentlichkeit ein ehrliches und jederzeit koope-ratives Verhältnis. Er kommuniziert sein Vereinsleben der Öffentlich-keit durch zielgerichtete Informationen über die regionalen Medien, über seine Website und Social Media.
Die Pflege des Kontakts zu Sponsoren, Gönnern, der öffentlichen Hand und weiteren Organisationen erfolgt mittels Saisonprogramm und Einladungen zu Vereinsveranstaltungen.

5. Finanzen
Der PHC RID pflegt eine gesunde Finanzpolitik. Der finanzielle Auf-wand darf im Mittel nicht höher sein als die effektiven Erträge. Die finan-ziellen Mittel werden beschafft durch Beiträge von Clubmitgliedern, Sponsoren, Gönnern und Aktivitäten.

6. Aktivitäten
Der PHC RID ist auch ausserhalb der Hockeysaison aktiv. Er organi-siert im Sommerhalbjahr eine grosse Veranstaltung für Mitglieder, Sponsoren und Gönner. Zudem beteiligt er sich an privaten und öffent-lichen Anlässen. Alle Aktivitäten dienen der Imagepflege und der Finanzierung des Vereinshaushaltes und sind damit Mittel zum Zweck.

CHECKLISTE: SO GEHEN SIE BEI DER ENTWICKLUNG ODER ÜBERARBEITUNG DES LEITBILDS VOR

■ Setzen Sie durch den Vorstand eine kleine Projektgruppe von 6 bis 8 Personen ein. Achten Sie darauf, dass auch Vereinsmitglieder und andere Mitarbeitende wie zum Beispiel Trainer vertreten sind.

■ Erstellen Sie einen Projektfahrplan mit Verantwortlichkeiten und Terminen.

■ Sammeln Sie alle für die Leitbildentwicklung relevanten Unterlagen – auch Leitbilder von anderen Vereinen oder Organisationen.

■ Holen Sie Vorstellungen und Wünsche hinsichtlich Leitbild bei weiteren Zielgruppen ein (beispielsweise bei weiteren Funktionärinnen, Gönnern, Sponsoren oder anderen Aussenstehenden).

■ Erarbeiten Sie einen Entwurf.

■ Holen Sie vereinsintern Stellungnahmen zum erarbeiteten Entwurf ein.

■ Überarbeiten Sie den Entwurf aufgrund der Rückmeldungen.

■ Legen Sie das Leitbild der GV zur Diskussion und Verabschiedung vor.

Zur Entwicklung eines Leitbilds gibt es praktische Anleitungen und Unterstützung in der Literatur und durch Organisationen. Hinweise dazu finden Sie in der Literaturliste im Anhang.

Vereinsarchiv: Fundus für die Vorstandsarbeit

Das Archiv eines Vereins ist für die Geschichtsschreibung eine vorzügliche Fundgrube. Aber auch der Verein selber profitiert, wenn die Protokolle, Jahresberichte, Bilanzen, Jahresrechnungen und Budgets über Jahre hinweg sorgfältig aufbewahrt werden. Vor allem das Gründungsprotokoll und die Gründungsstatuten sind achtsam zu archivieren, kann doch nur mit diesen Dokumenten vor Gericht die Rechtspersönlichkeit des Vereins gültig nachgewiesen werden (siehe Seite 28).

Je nach Organisationsform Ihres Vereins wird das Sekretariat, der Präsident beziehungsweise die Präsidentin oder die für die Finanzen und Administration zuständige Person das Archiv führen. Sammeln Sie auch Fotos, Zeitungsberichte, Film- und Tondokumente über das Vereinsleben. Dokumentieren Sie die übliche Vereinstätigkeit, selbst wenn sie nicht spektakulär erscheint. Steht gar ein besonderes Vereinsjahr bevor (Jubiläum,

Organisation eines gesamtschweizerischen Anlasses), so kann eine Liste oder eine Art Drehbuch hilfreich sein: Welche Ereignisse sollen wie festgehalten werden? Vergeben Sie entsprechende Aufträge. Traut sich keines der Vereinsmitglieder diese Aufgabe zu, gibt es in Ihrer Gemeinde vielleicht einen Fotoclub, begeisterte Hobbyfilmer oder Video-Filmerinnen, die einen solchen Auftrag gerne übernehmen.

In Vereinschroniken fehlen meist die persönlichen Aussagen und Erinnerungen von Vereinsmitgliedern. Ältere Mitglieder könnten berichten, wie es vor 50 Jahren war, als sie mit der Jugendmusik, mit dem Fussballclub oder der Pfadi unterwegs waren. Die Erzählungen solcher Zeitzeugen können Sie mit einem Aufnahmegerät oder in Gesprächsnotizen festhalten. Dies hilft Ihnen, Jubiläen und Ehrungen attraktiv zu gestalten und eine gut dokumentierte Vereinschronik anzulegen. Beachten Sie auch hier den Datenschutz: Persönliche Daten sind aufs Minimum zu beschränken, Betroffene dürfen Einsicht verlangen, falsche Angaben müssen korrigiert werden, und die Herausgabe von Daten an Dritte braucht das Einverständnis der Betroffenen.

TIPP *Fotos sowie Ton- und Bildaufzeichnungen lassen sich heute einfach in digitaler Form aufbewahren. Aber auch Papierdokumente können Sie in guter Qualität einscannen und so archivieren. Legen Sie ein separates Verzeichnis an, damit die Dateien auch von Ihren Nachfolgern noch gefunden werden – und achten Sie darauf, dass Sie für die Archivierung gängige Dateiformate einsetzen. Am besten verwenden Sie für das Vereinsarchiv das gleiche Konzept und System wie für die übrige Aktenablage.*

Aktenablage

Eine transparente Aktenablage ist ein Muss – sie verschafft Übersicht und erleichtert die spätere Aktenübergabe. Akten ausschliesslich nach fortlaufendem Datum abzulegen, hilft nicht weiter. Da liegen Protokolle, Spesenabrechnungen, Mitgliederdaten, Einladungen und Traktandenlisten zwar in zeitlicher Reihenfolge aufeinander, aber wer weiss nach einigen Jahren noch, wann jene wichtige Sitzung stattgefunden hat, deren Protokoll jetzt unbedingt vorliegen sollte? Ob Aktenordner, Hängeregistratur oder digitale Speicherung: Es muss klar erkennbar sein, welche Unterlagen wo zu finden sind. Ordnen Sie Ihre Akten nach Rubriken, zum Beispiel Hauptversammlungen, Vorstandssitzungen, Veranstaltungen usw. Innerhalb dieser Rubriken legen Sie dann nach Datum ab, jeweils die neusten Unterlagen zuvorderst. Sinnvollerweise halten sich alle ans gleiche Ablagesystem. Es sollte daher allen Vorstandsmitgliedern bekannt sein.

Kaufmännische Unterlagen, Rechnungen, Quittungen usw. bewahren Sie nach den Bestimmungen des Obligationenrechts zehn Jahre lang auf, damit Sie belegen können, dass eine Rechnung bezahlt wurde. Geldforderungen verjähren meist nach zehn Jahren.

 HINWEIS *Wenn Ihr Verein ein nach kaufmännischen Grundsätzen geführtes Gewerbe betreibt, müssen Sie die Aufbewahrungsvorschriften besonders strikt einhalten, da Sie die Unterlagen gegenüber den Steuerbehörden offenzulegen haben.*

Vorstandssitzungen effizient durchführen

Erstellen Sie als Präsidentin respektive als Präsident in Absprache mit allen Vorstandsmitgliedern für das ganze Jahr einen Sitzungsplan mit fixen Terminen, damit alle sich die Daten reservieren und Sie mit einer lückenlosen Teilnahme rechnen können. Legen Sie auch die Schwerpunkte pro Quartal fest – zum Beispiel die Hauptversammlung, die Jahresplanung oder besondere Veranstaltungen. Normalerweise beruft die Präsidentin die Sitzung ein. Ist sie aus irgendeinem Grund verhindert, übernimmt dies der Vizepräsident. Im Übrigen kann auch jedes andere Vorstandsmitglied die Einberufung des Vorstands verlangen.

Das Einmaleins der perfekten Sitzungsvorbereitung

Weniger ist oft mehr: also lieber weniger, dafür längere Sitzungen durchführen, und eher weniger Traktanden, dafür mehr Zeit für die Behandlung der einzelnen Themen einplanen. Pünktlichkeit und frühzeitige Abmeldung bei Verhinderung sind Ehrensache.

TIPP *Um sich intensiv einem wichtigen Geschäft oder einer wegweisenden Entscheidung widmen zu können, empfiehlt es* *sich, jährlich eine Klausurtagung durchzuführen. Losgelöst vom Alltag, eventuell sogar an einem speziellen Ort – etwa in einer Berghütte, einem Tagungszentrum oder einem Kloster – lassen sich meist besser Konzepte ausarbeiten oder ungewöhnliche Lösungswege finden.*

Gut vorbereitete und strukturierte Sitzungen erleichtern die Zusammenarbeit im Vorstand enorm. Sprechen Sie die Traktandenliste mit den Ressortverantwortlichen ab und prüfen Sie die Zuständigkeiten des Vorstands für die zu behandelnden Geschäfte. Überprüfen Sie die Pendenzenliste und studieren Sie das letzte Protokoll. Verschicken Sie die Einladung mit den entsprechenden Unterlagen rechtzeitig (per E-Mail), sodass den Teilnehmerinnen und Teilnehmern mindestens ein Wochenende zur Vorbereitung bleibt. Vermerken Sie die Ziele und den Zeitbedarf für die einzelnen Geschäfte schon auf der Einladung. Planen Sie auch eine Zeitreserve für überzogene Traktanden ein. Sparen Sie aber «heisse Themen» nicht auf den Schluss auf – und decken Sie die Vorstandsmitglieder nicht mit zu viel Papier ein, sondern zeigen Sie das Problem knapp auf und bieten Sie Lösungsvarianten an, gefolgt von einem begründeten Antrag für einen Vorstandsbeschluss.

Reservieren Sie – falls nötig – ein geeignetes Lokal mit der gewünschten Infrastruktur (Flipchart, Beamer etc.). Überlegen Sie sich gegebenenfalls eine günstige Sitzordnung, damit alle Blickkontakt zueinander haben.

TIPP *Oft verfügen Restaurants über Sitzungszimmer samt Infrastruktur. Nicht überall muss man dafür extra bezahlen, sofern die Sitzungsteilnehmenden Getränke oder Speisen konsumieren. Auch Kirchgemeindehäuser, Schulhäuser und Jugendzentren stellen häufig gratis oder gegen eine geringe Entschädigung passende Sitzungslokale zur Verfügung.*

Ablauf der Vorstandssitzung

Ob die Sitzung in einem formellen oder eher lockeren Rahmen über die Bühne gehen soll, hängt von Ihrer Vorstandskultur ab. Hauptsache ist, dass Sie als Präsidentin oder als Präsident Ihre Ziele erreichen – und dass die Teilnehmenden sich mit der Vorgehensweise identifizieren können. Ansonsten gelten für den Sitzungsablauf dieselben Regeln wie für die Vereinsversammlung (mehr dazu auf Seite 114). Bei der Begrüssung geben

Sie die Sitzungsziele bekannt. Stellen Sie die Protokollführung sicher und fragen Sie den Vorstand, ob alle mit der vorliegenden Traktandenliste einverstanden sind. Werden kurzfristig nicht traktandierte Geschäfte vorgeschlagen, müssen Sie darüber abstimmen, ob diese behandelt werden sollen.

Leiten Sie die Sitzung, ohne zu dominieren. Gleichzeitig sollten Sie in der Lage sein, ein wenig Distanz zum Geschehen zu halten. Behalten Sie das inhaltliche Thema, das Ziel und den Gesprächsverlauf im Auge. Versuchen Sie, alle in die Diskussion einzubeziehen. Umgekehrt sollten Sie Vielredner dazu bringen, auf den Punkt zu kommen, damit der Zeitplan eingehalten werden kann. Planen Sie bei längeren Sitzungen eine Pause ein.

Können Geschäfte nicht endgültig verabschiedet werden, so halten Sie die Teilergebnisse fest und vermerken, wer weitere Abklärungen vornimmt. Setzen Sie auch den Termin für die endgültige Entscheidung. Im Protokoll werden alle Ergebnisse, Entscheide, Zuständigkeiten und Terminvorgaben festgehalten. Allfällige Abklärungen und Ergänzungen können auch nach der Sitzung noch im Protokoll aufgeführt, müssen aber entsprechend gekennzeichnet werden. Die Vorstandsmitglieder sollten das Protokoll spätestens zwei Wochen nach der Sitzung erhalten, so werden sie an ihre speziellen Aufträge erinnert.

TIPP *Neben den Hinweisen im Protokoll empfiehlt es sich, eine separate Pendenzenliste mit den Spalten Datum, Auftrag, verantwortlich, Termin und Stand zu führen. Diese Pendenzenliste ergänzen Sie fortlaufend und legen sie jeweils dem Protokoll bei.*

Erfolgsfaktoren guter Teamarbeit

Auch wenn in Ihrem Verein Kompetenzen und Arbeiten klar nach verschiedenen Ämtern und Funktionen aufgeteilt und gegeneinander abgegrenzt sind, hängt der Erfolg wesentlich von der guten Zusammenarbeit der verschiedenen verantwortlichen Personen ab. Vorstand und weitere Vereinsfunktionäre und -funktionärinnen müssen ein abgestimmtes Team bilden. Folgende Erfolgsfaktoren bilden die Grundlage guter Teamarbeit:

- Vertrauen, gegenseitige Akzeptanz und Wertschätzung
- Kompetenzen und Freiräume zum selbstverantwortlichen Entscheiden und Handeln
- Gemeinsame Zielausrichtung und gegenseitige Unterstützung
- Handeln – Dinge nicht nur planen, sondern sie auch umsetzen

Um Fehlentwicklungen oder Störfaktoren zu verhindern, müssen alle Teammitglieder über dieselben Informationen verfügen, die weder gefiltert noch verzerrt sind. Es braucht klare Absprachen über Kontakte, Besprechungen und die Art des Informationsflusses. So wird die Gefahr gebannt, dass sich innerhalb des Teams Cliquen bilden. Wenn alle das Recht auf unterschiedliche Auffassungen grundsätzlich akzeptieren, sich aber an eindeutige Regelungen für die Entscheidungsprozesse halten, kann die Teamarbeit funktionieren. Gegenseitige Hilfe und Unterstützung, Interesse, Vertrauen und Akzeptanz sowie die Bereitschaft zur Übernahme von Verantwortung sind unerlässlich für ein konstruktives Zusammenwirken im Team. Fehl am Platz ist, wer nur sein «eigenes Gärtchen» pflegen will.

Zu guter Letzt ist auch das Zwischenmenschliche ein wichtiger Pfeiler guter Teamarbeit – man muss Menschen mögen. Deshalb sollten Sie als Präsidentin oder Präsident etwa in der Pause, nach der Sitzung oder an einer speziellen Retraite genügend Raum schaffen, damit Sie und die übrigen Vorstandsmitglieder sich austauschen und dabei auch über Privates sprechen können. Denn wenn sich die Vorstandsmitglieder auch persönlich verstehen, sich näher kennen und gegenseitig mögen, können sie am besten als Team zusammenwirken.

Analyse und Optimierung der Vorstandsarbeit

Teil des strategischen Managements ist, dass man konstant analysiert, wo das eigene Unternehmen oder die Organisation steht. Das gilt auch für Vereine und dabei insbesondere für die Vorstandsarbeit. Konkret: Sie sollten Ihre Situation in regelmässigen Abständen analysieren und nach Verbesserungsmöglichkeiten suchen. Eine sehr hilfreiche Methode zur Beurteilung der Ist-Situation ist die SWOT-Analyse. Bei dieser Methode beurteilen Sie die Stärken und Schwächen Ihres Vereins und damit auch Ihrer Vorstandsarbeit sowie die Chancen und Risiken im Umfeld Ihres Vereins. Detaillierte Informationen sowie ein Beispiel finden Sie im Kapitel «Kommunikation», denn die SWOT-Analyse bildet oft die Grundlage für Kommunikations- und Marketingkonzepte (siehe Seite 155).

HINWEIS *Sie können natürlich auch eine externe Stelle zuziehen, die die Analyse durchführt oder wenigstens begleitet, die Ergebnisse präsentiert und die Diskussion um die Schlussfolgerungen in der Gruppe moderiert. Eine externe Beratung kann je nach Umfang schnell einmal ein paar Tausend Franken kosten. Im Gegenzug erhalten Sie dafür eine neutrale Aussensicht über die Situation Ihres Vereins. Eine solche externe Beratung wird sich deshalb vor allem vor wichtigen strategischen Entscheiden – wie etwa einer Neupositionierung – lohnen.*

Entschädigung für Vorstandsmitglieder

Für ein Engagement im Vereinsvorstand braucht es neben den zeitlichen Ressourcen eine gehörige Portion Idealismus. Denn Vorstandsarbeit ist typische Freiwilligenarbeit, und die meisten Vorstandsmitglieder und -funktionärinnen sind sich dessen durchaus bewusst. Dennoch gibt es in Sachen Entschädigung für Aufwände, Auslagen und dergleichen unterschiedliche Ansichten – und zugleich in vielen Vereinen keine handfesten Regeln. Es ist deshalb ein Muss, im Vorstandsreglement oder in einem anderen Erlass die Spesenabgeltung festzuhalten. Für diese Kosten ist im Budget auch ein entsprechender Betrag vorzusehen. Üblicherweise gelten Ansätze im folgenden Rahmen:

- Reise, Verpflegung und Unterkunft werden bei auswärtigen Einsätzen und Repräsentationen etwa wie folgt vergütet:
  - Bahnbillett Halbtax, 2. Klasse
  - 50 bis 70 Rappen Kilometerentschädigung, wenn das Privatauto benützt werden muss (sofern die Benutzung öffentlicher Verkehrsmittel nicht möglich ist oder nicht zugemutet werden kann)
  - 20 bis 30 Franken pro Mahlzeit (Frühstück 10 bis 15 Franken)
  - Unterkunft in Mittelklassehotel
  - Tagungskosten
  - Weiterbildungskosten

- Sonstige Spesen werden gegen Belege abgegolten. Dazu gehören Porti, Telefon, Fotokopien, Materialkosten usw.

Wie grosszügig oder zurückhaltend Sie diese Ansätze in Ihrem Spesenreglement festlegen, hängt auch von der Finanzkraft Ihres Vereins ab. Im Übrigen wird die Arbeit im Vorstand meist gratis geleistet. Wie weit dieser Gratiseinsatz zu gehen hat, können Sie kaum abschliessend regeln. Ob Sie Sitzungsgelder oder sogar Arbeitsentschädigungen für den ehrenamtlichen Einsatz der Vorstandsmitglieder und der übrigen Funktionäre und Funktionärinnen auszahlen wollen und können, müssen Sie gründlich diskutieren und gegebenenfalls eine entsprechende Formulierung in die Statuten aufnehmen.

TIPP *Auch wenn Sie die Arbeit der Vorstandsmitglieder und der übrigen Funktionärinnen und Funktionäre nicht entlöhnen, ist es empfehlenswert, die geleistete Arbeit symbolisch zu erfassen und in Löhne umzurechnen. So geben Sie Ihrem Einsatz für den Verein einen betragsmässigen Wert. Welchen Stundenlohn Sie für die Berechnung einsetzen, bleibt Ihrem Gutdünken überlassen. Mit einer solchen Statistik über den Wert Ihrer Vereinsarbeit können Sie sich auch in Subventionsverhandlungen gut legitimieren.*

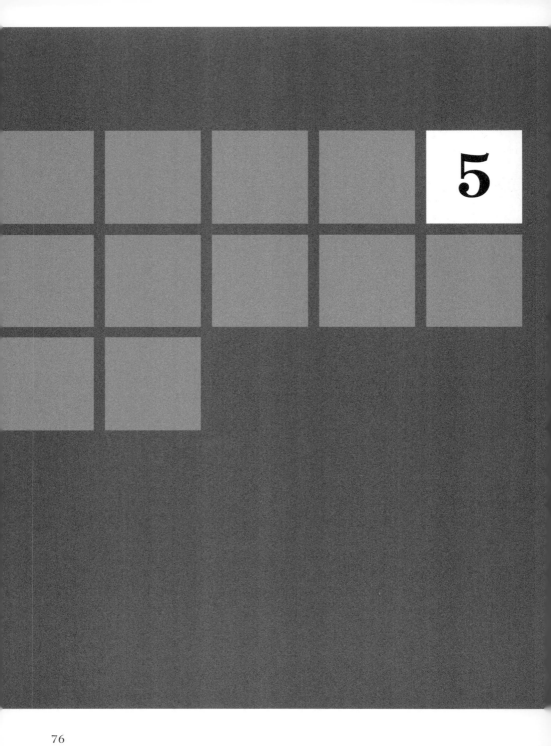

5

Vereinsfinanzen

Vereine sind nicht nur auf das ehrenamtliche Engagement ihrer
Mitglieder angewiesen, sie benötigen auch finanzielle Mittel, um
den Vereinszweck erfüllen und überhaupt existieren zu können.
Um genügend Finanzmittel für die Vereinsaktivitäten aufzutreiben,
braucht es ein zielgerichtetes Vorgehen – und eine gute Portion
Fantasie.

Einnahmen – wie kommt der Verein zu Geld?

Bei den meisten Vereinen stellen die Mitgliederbeiträge die Haupteinnahmequelle dar. Je nach Verein und dessen Zweck kommen aber auch andere Formen infrage – etwa Gebühren, Spenden, Subventionen, Beiträge aus Fonds und Stiftungen sowie Sponsoring.

Personen, die einem Verein beitreten, erwerben mit diesem Schritt nicht nur Rechte, sie übernehmen auch gewisse Pflichten. Rechte und Pflichten sind im Gesetz und in den Statuten verankert. Zu den Pflichten kann beispielsweise gehören, dass sie sich persönlich für die Förderung des Vereinszwecks einsetzen, den Verein aber auch finanziell unterstützen.

Die Form der Beitragsleistung, die die Mitglieder zu erbringen haben, kann Ihr Verein in den Statuten frei bestimmen. Diese können unterschiedliche Arten von Beiträgen vorsehen wie finanzielle Leistungen, Natural- oder Arbeitsleistungen. Der Beitrag fällt einmalig oder in periodischen Abständen an. Die meisten Vereine – vor allem kleinere – erheben einen Jahresbeitrag.

Mitgliederbeiträge

Die Mitgliederbeiträge stellen bei den meisten Vereinen die wichtigste Einnahmequelle dar. Damit der Verein Beiträge erheben kann, muss dies grundsätzlich in den Statuten erwähnt sein. Die Höhe wird ebenfalls in den Statuten oder jährlich an der Hauptversammlung festgelegt. Plant der Verein ein besonderes Vorhaben, beispielsweise eine grosse Jubiläumsveranstaltung, eine Reise, die Einrichtung eines Vereinslokals oder die Sanierung der maroden Clubkasse, kann die Hauptversammlung beschliessen, für diesen Zweck ein- oder mehrmalig ausserordentliche Beiträge zu erheben.

Bestimmung der Beitragshöhe
Wie hoch wollen Sie die Mitgliederbeiträge Ihres Vereins ansetzen? Berücksichtigen Sie bei Ihren Überlegungen folgende Faktoren:

- Welche Dienstleistungen wollen Sie für die Mitglieder erbringen? Was kosten diese?
- Welche Beiträge erheben die Konkurrenzvereine?
- Müssen Sie auch einen Beitrag an den Dachverband abliefern?
- Welcher Betrag ist für Ihre (potenziellen) Mitglieder tragbar?
- Mit welchen fixen und welchen ausserordentlichen Kosten müssen Sie rechnen?
- Soll der Verein Reserven bilden, um seine Existenz längerfristig zu sichern?

Sind unterschiedlich hohe Beiträge zulässig?

Alle Mitglieder eines Vereins haben nach dem Gesetz grundsätzlich die gleichen Rechte und Pflichten. Allerdings sind Abweichungen von diesem Gleichheitsgrundsatz möglich, sofern diese in den Statuten festgelegt und sachlich begründet werden. Es darf also kein Mitglied willkürlich besser- oder schlechtergestellt werden. Ein Verein kann aber unterschiedliche Mitgliederkategorien führen, wenn diese nach sachlichen Kriterien einge- teilt werden. So kann ein Sportverein höhere Beiträge für die aktiven Er- wachsenen veranschlagen als für die Juniorinnen und Junioren, wenn die Kosten für den Spielbetrieb entsprechend unterschiedlich ausfallen. So oder so – Ihre Beitragsstruktur sollte möglichst einfach, transparent und übersichtlich sein und nicht mehr als drei bis vier Kategorien vorsehen.

Inkasso – Mitgliederbeiträge einfordern

Die meisten Vereine fordern die Mitgliederbeiträge per Einzahlungsschein ein. In der Einladung zur Hauptversammlung oder in einem speziellen Schreiben wird auf die Fälligkeit und die Höhe des Vereinsbeitrags hinge- wiesen. Viele Vereine legen jedem Postversand einen Einzahlungsschein bei. In der Rubrik für Mitteilungen kann dann angekreuzt werden, ob es sich bei der Einzahlung um einen Mitgliederbeitrag, eine Spende oder um einen anderen Zahlungszweck handelt.

TIPP *Lassen Sie Ihre Mitglieder wissen, mit welcher Zahlungs- art dem Verein am wenigsten Bank- und Postspesen entstehen. So vermeiden Sie teure Abzüge. Für moderne Vereine beziehungsweise Vereine mit Mitgliedern, die ihre Zahlungen mittels Online-Banking erledigen, ist die Umstellung auf E-Rechnung eine günstige Alternative.*

Im Zeitalter der elektronischen Datenverarbeitung fällt es leicht, den Überblick über den Eingang der Mitgliederbeiträge zu gewinnen und herauszufinden, wer noch nicht bezahlt hat. Säumige Mitglieder werden Sie mit einem freundlichen Brief an die ausstehende Zahlung erinnern. Zahlt das Mitglied auch nach Erhalt dieses Briefs nicht, können oder müssen Sie weitere Schritte unternehmen:

- Schreiben Sie einen zweiten – ultimativ formulierten – Mahnbrief.
- Erkundigen Sie sich beim Mitglied persönlich nach den Gründen für den Zahlungsausstand.
- Entscheiden Sie aufgrund dieses Gesprächs, ob Sie betreibungsrechtlich vorgehen wollen.

Gibt es in Ihren Vereinsstatuten einen Passus zum Thema «Nichtbezahlen des Mitgliederbeitrags», wird Ihr weiteres Vorgehen dadurch bestimmt sein. In den Statuten kann beispielsweise festgelegt sein, dass ein Mitglied nach zweimaligem Nichtbezahlen des Jahresbeitrags aus der Mitgliederliste gestrichen wird.

HINWEIS *Tritt ein Mitglied aus einem wichtigen Grund aus dem Verein aus – zum Beispiel, weil ihm der weitere Verbleib nicht mehr zugemutet werden kann –, schuldet es den Beitrag nur bis zu seinem Ausscheiden. Zu viel bezahlte Beiträge müssen Sie dem ausgeschiedenen Mitglied in einem solchen Fall – rein rechtlich – zurückzahlen.*

Gebühren als Einnahmequelle

Bietet Ihr Verein Dienstleistungen für seine Mitglieder oder auch für Aussenstehende an, kann er dafür Gebühren erheben. Diese müssen in den Statuten oder in einem Gebührenreglement aufgelistet sein. Für Vereinsmitglieder können tiefere Gebührenansätze als für aussenstehende Personen festgelegt werden.

DIE VON EINEM VEREIN getragene Bibliothek verlangt von Nichtmitgliedern pro Buch, CD oder DVD eine Ausleihgebühr von 1 Franken. Mitglieder des Trägervereins dürfen pro

Monat vier Bücher gratis ausleihen, ab fünf Büchern kostet es auch für sie 1 Franken pro Buch.

Gönnerbeiträge und Spenden

Spenden fliessen Vereinen von Mitgliedern oder von Gönnerinnen und Gönnern inner- und ausserhalb des Vereins zu. Viele Vereine verfügen über eine spezielle Gönnermitgliedschaft: Gönnerinnen und Gönner verpflichten sich zu einem wesentlich höheren Mitgliederbeitrag als Passiv- oder Aktivmitglieder. Manchmal schliessen sich Gönnermitglieder zu einer speziellen Organisation innerhalb des Vereins zusammen, um den Verein in einem bestimmten Bereich finanziell besonders zu unterstützen – etwa bei der Nachwuchsförderung oder bei der Anschaffung von Material.

Aktiv Spenden sammeln

Will Ihr Verein nicht nur zufällige Spenden einnehmen, muss er die Spendensammlung aktiv betreiben. Dazu gibt es verschiedene Möglichkeiten – bis hin zum professionellen Fundraising.

Wollen Sie nur auf kleinem Feuer kochen, verfassen Sie einen schriftlichen Spendenaufruf, der Ihren Verein und seine Projekte vorstellt. Dieses Schreiben verschicken Sie zusammen mit einem Einzahlungsschein an ausgewählte Personen, von denen Sie annehmen, dass sie mit Ihrem Verein sympathisieren. Die Adressen tragen Sie innerhalb des Vorstands zusammen.

Treffen von den angeschriebenen Personen Spenden ein, nehmen Sie die Anschriften in Ihre Adresskartei auf. So erhalten Sie mit der Zeit einen Grundstock von spendewilligen Personen und Firmen, die Sie regelmässig mit Informationen über Ihren Verein sowie dessen Aktivitäten und natürlich mit Einzahlungsscheinen bedienen. Legen Sie diesen Schreiben aber keine unbestellten Geschenklein bei – diese landen erfahrungsgemäss oft direkt im Abfall.

Führen Sie Spendensammlungen im grösseren Rahmen durch, müssen Sie sich nach den gesetzlichen Regelungen in Ihrem Kanton erkundigen (lesen Sie dazu die Ausführungen im Kapitel «Events: einmalige Vereinsaktionen und -anlässe» ab Seite 89).

TIPP *Verdanken Sie alle Spenden mit einem freundlichen Brief. Möchten Sie diesen Aufwand einschränken, bringen Sie auf dem Einzahlungsschein eine Rubrik an, wo der Spender oder die Spenderin «Verdankung erwünscht» oder «keine Verdankung» ankreuzen kann. Falls Sie von den Spendern und Gönnerinnen die E-Mail-Adressen erheben, können Sie die Kommunikation – oder wenigstens einen Teil davon – auf elektronischem Weg abwickeln. Und Sie können die Berichterstattung über die Aktivitäten Ihres Vereins in Form von Mailings oder Newslettern anbieten. Sorgen Sie dafür, dass die Abmeldung auf einfache Weise möglich ist (Klick oder E-Mail-Nachricht).*

Spenden an Vereine zwecks Steueroptimierung

Ist Ihr Verein von den Steuerbehörden als gemeinnützig anerkannt und von der Steuerpflicht befreit, können Spender und Spenderinnen Beträge, die sie Ihrem Verein überweisen, in ihrer Steuererklärung unter der Rubrik «Freiwillige Zuwendungen» abziehen. Umfang und Zulassung solcher Abzüge sind von Kanton zu Kanton unterschiedlich geregelt. In einigen Kantonen können Sie auf dem Steueramt oder über Internet eine Liste der begünstigten Organisationen einsehen.

TIPP *Geniesst Ihr Verein das Privileg, dass Spenden an ihn bei den Steuern als Abzüge anerkannt werden, so weisen Sie bei Spendenaufrufen auf diese Tatsache hin. Erinnern Sie auch Ihre Vereinsmitglieder immer wieder daran.*

Legate und Vermächtnisse

Legate oder Vermächtnisse sind Zuwendungen, die eine Person auf den Zeitpunkt ihres Ablebens hin einem Verein testamentarisch vermacht. Es kann sich dabei um Gelder oder Gegenstände (Kunstwerke, Schmuck etc.), aber auch um Grundstücke oder Liegenschaften handeln.

Wichtig: Um Legate sollten Sie sich nicht aktiv bemühen – das wäre unmoralisch und zumindest am Rande der Erbschleicherei. Immerhin können Sie Ihre Mitglieder an Versammlungen aber darauf hinweisen, dass es diese Möglichkeit gibt. Und natürlich ist es gut zu wissen, wie ein Verein in einem Testament berücksichtigt werden kann. Hinweise dazu finden Sie im Beobachter-Ratgeber «Testament, Erbschaft» (siehe Literaturverzeichnis im Anhang).

HANS SCHMID ERLEIDET im Alter von 75 Jahren einen Oberschenkelhalsbruch. Während seiner Rekonvaleszenz wird der Alleinstehende vom Spitex-Verein seiner Gemeinde umfassend betreut, was ihm den vorübergehenden Aufenthalt in einem Pflegeheim erspart. Er schätzt die Haus-, Mahlzeiten- und Pflegedienste so sehr, dass er dem Spitex-Verein nach seinem Tod einen namhaften Betrag zukommen lassen möchte. Er bringt darum in seinem Testament folgenden handschriftlichen Zusatz an: «Ich vermache dem Verein RegioPflege, Stadtstrasse 55, 5355 Oberrütti den Betrag von 30 000 Franken.» Unter diesen Zusatz setzt Hans Schmid Ort, Datum und Unterschrift.

HINWEIS Damit es gültig ist, muss das ganze Testament, auch ein allfälliger Zusatz, von Anfang bis Ende von Hand geschrieben und mit Datum und eigenhändiger Unterschrift versehen sein. Die Person oder die Organisation, die mit einer Zuwendung bedacht wird, ist mit vollständigem Namen und genauer Adresse einzusetzen.

Subventionen

Staatliche Subventionen sind meist mit einer «Leistungsvereinbarung» verknüpft: Gemeinnützige Organisationen im Sport, in der Kultur, im Gesundheits- und Behindertenbereich schliessen mit den staatlichen Stellen einen Vertrag ab, in dem genau aufgelistet ist, welche Leistungen der Verein oder die Organisation für die Allgemeinheit erbringt und welche Abgeltungen der Bund, der Kanton oder die Gemeinde dafür leistet.

Gesuche um staatliche Subventionen müssen gut dokumentiert sein. Erkundigen Sie sich vor der Einreichung Ihres Gesuchs bei der zuständigen Stelle über die Anforderungen. Einzelne Ämter verfügen über Wegleitungen und Formulare für Subventionsempfänger – das erleichtert die Arbeit.

TIPP Zeigen Sie im Subventionsgesuch den Wert Ihrer Vereinsaktivitäten für die Allgemeinheit auf und belegen Sie die Eigenleistungen Ihres Vereins mit einer Statistik über den Aufwand des Vor-

stands und der Vereinsmitglieder für ehrenamtliche Arbeit (siehe auch die Ausführungen auf Seite 74).

Beiträge aus den Lotteriefonds

«Swisslos» und die «Loterie Romande» verteilen ihre Gewinne jeweils an die beteiligten Kantone, die mit diesen Geldern gemeinnützige und für die Region bedeutsame Projekte in den Bereichen Kultur, Sport, Umwelt und Soziales unterstützen. Möchte Ihr Verein für ein bestimmtes Projekt einen Beitrag aus dem Lotteriefonds erhalten, wenden Sie sich am besten direkt an die zuständige kantonale Verwaltungsstelle. Wie für Subventionen gilt auch hier: Sie müssen das Gesuch fundiert begründen, es umfassend dokumentieren und die Eigenleistungen des Vereins aufzeigen.

TIPP *Auf der Internetseite von Swisslos (www.swisslos.ch) finden Sie die Kontaktangaben der kantonalen Swisslos-Fonds sowie Beispiele von Projekten und Institutionen, die bereits von Swisslos-Geldern profitiert haben. Auf diese Weise können Sie die Chancen auf einen finanziellen Zustupf aus dem Lotteriefonds vielleicht besser abschätzen.*

Stiftungen und Fonds

In der Schweiz existieren unzählige Fonds und Stiftungen, die materielle und finanzielle Unterstützung von Personen und Organisationen im gemeinnützigen, kulturellen oder sportlichen Bereich anbieten. Viele davon wirken im Verborgenen, andere sind landesweit bekannt.

Die Eidgenössische Stiftungsaufsicht publiziert auf ihrer Internetseite (www.edi.admin.ch/esv) ein Verzeichnis aller Stiftungen, die unter Bundesaufsicht stehen. In diesem Verzeichnis können Sie frei nach Stiftungsnamen, Zweck und Schlagworten suchen oder aus der alphabetisch geordneten Liste ein vorgegebenes Stichwort für die Suche auswählen.

Daneben gibt es Tausende weitere gemeinnützige Stiftungen, die unter der Aufsicht der Kantone beziehungsweise der Gemeinden stehen. Es kann sich für Ihren Verein also lohnen, die in Ihrem Kanton bestehenden Stiftungen und Fonds aktiv zu suchen. Wenden Sie sich dazu an die kantonale Stiftungsaufsicht oder ans Handelsregisteramt. Viele Kantone bieten – wie der Bund – auf ihren Internetseiten Verzeichnisse von Stiftungen unter ihrer Aufsicht an.

Sponsoring

Viele Leute denken, Sponsoring funktioniere nur bei berühmten Fussballclubs oder Formel-1-Teams. Doch das stimmt nicht: Wenn es Ihnen gelingt, die richtigen Geldgeber mit dem passenden Konzept anzusprechen, kann Sponsoring auch für einen kleinen Verein eine wichtige Einnahmequelle werden.

Sponsoring ist für die Sponsorinnen und Sponsoren nichts anderes als ein Instrument der Unternehmenskommunikation: Unternehmen unterstützen Einzelpersonen, Personengruppen, Organisationen oder Veranstaltungen mit Geld-, Sach- oder Dienstleistungen mit der Erwartung, eine die eigenen Kommunikations- und Marketingziele unterstützende Gegenleistung zu erhalten. Dabei sind die Sponsorinnen und Sponsoren vor allem an Erlebniswelten interessiert, in denen sie ihren Zielgruppen ihre Produkte, Dienstleistungen oder die Werte, für die sie einstehen, präsentieren können.

EIN DIENSTLEISTUNGSUNTERNEHMEN möchte sich gegenüber der Konkurrenz abgrenzen, die in der Werbung vor allem die Produkte und den Preis fokussiert. Die Geschäftsleitung hat beschlossen, dass man sich neu als engagiertes Unternehmen positionieren will, das sich mit vereinten Kräften für die Anliegen der ganzen Kundschaft einsetzt. Anhand dieser Vorgabe denkt der Marketingverantwortliche auch über Sponsoring nach. Seine Idee: Als Hauptsponsor eines Vereins oder einer Mannschaft, die sich durch Kampf und Engagement für das ganze Team und letztlich für die Fans einsetzt, könnte man die Unternehmenswerte in optimaler Weise transportieren.

Bessere Chancen dank durchdachtem Sponsoringkonzept
Selbst bei KMU hat die professionelle Unternehmenskommunikation mittlerweile Einzug gehalten – Werbe- und Marketingbudgets werden auch

dort zielgerichteter eingesetzt. Das heisst: Es ist nicht mehr so einfach, ein paar Tausend Franken für die Teamausrüstung oder Werbung zu erhalten. Die Unternehmen wollen wissen, welche Gegenleistung sie dafür bekommen. Zudem müssen die Marketingverantwortlichen solche Ausgaben in der Regel bewilligen lassen oder zumindest Rechenschaft darüber ablegen. Aus diesem Grund sind Ihre Chancen auf Sponsoringgelder am besten, wenn Sie ein pfannenfertiges Konzept erarbeiten, das Sie potenziellen Geldgebern auf den Tisch legen können.

Zur Erarbeitung eines solchen Konzepts bilden Sie im Verein oder im Vorstand eine Projektgruppe, die sich in die Lage potenzieller Sponsoren versetzt und sich zunächst mit folgenden Kernfragen befasst: Weshalb sollten Unternehmen gerade Ihren Verein finanziell unterstützen? Welchen Nutzen haben sie davon? Darüber hinaus sollte sich das Projektteam folgenden Fragen widmen:

- Welche Erlebniswelten kann Ihr Verein anbieten (zum Beispiel Ausstellungen, Konzerte, Spiele, Turniere oder andere Events)?
- Welche Werte und Botschaften lassen sich über Ihren Verein transportieren?
- Welchen Nutzen könnte Ihr Verein den Sponsoren sonst noch bieten (Abgabe von Werbemitteln, Direktverkauf, Produktetests, Vermittlung von Neukunden etc.)?
- Welche Reichweite haben die Aktivitäten Ihres Vereins – schweizweit, regional oder lokal?
- Welche Zielgruppen sprechen die Aktivitäten Ihres Vereins an (Jugendliche, Familien, Senioren, Kunstliebhaber, Sportbegeisterte, Umweltbewusste etc.)?
- Welche Formen von Sponsoring könnte Ihr Verein anbieten (etwa die Erwähnung des Sponsorings in der Berichterstattung, Bannerwerbung, Werbeflächen auf Trikots und Fahrzeugen, Plakate oder einen Stand an Vereinsanlässen)?
- Welche Formen und Inhalte sind vom Sponsoring ausgeschlossen (beispielsweise Alkohol, Kleinkredite oder Zigaretten)?
- Welche Preise sind denkbar? Was verlangen andere Vereine?

Wenn Sie diese Fragen in der Projektgruppe beantwortet haben, können Sie sich an die Erarbeitung des Sponsoringkonzepts machen. Darin stellen Sie zunächst Ihren Verein in einem Kurzporträt vor. Danach sollte das

Konzept die Erlebniswelten aufzeigen, die Ihr Verein zu bieten hat, und darlegen, welche Formen von Sponsoring infrage kämen und welche Assoziationen und Kernbotschaften sich mit Ihrem Verein und dessen Aktivitäten verbinden liessen. Und last, but not least müsste das Sponsoringkonzept auch die Preise – wenigstens in den Grundzügen oder als Rahmen – enthalten.

■ **HINWEIS** *Wenn das Sponsoring in den Statuten nicht ausdrücklich geregelt ist, sollte der Vorstand sein Vorhaben von der Hauptversammlung absegnen lassen. Dabei sollte er die Mitglieder insbesondere über die Grössenordnung des geplanten Sponsorings – beispielsweise in Relation zu den anderen Einnahmequellen –, die Formen und Preise sowie die angepeilten Geldgeber in Kenntnis setzen.*

Nach dem Konzept: die Sponsorensuche

Mit dem erarbeiteten Sponsoringkonzept können Sie sich nun auf die Suche nach potenziellen Sponsorinnen und Sponsoren machen. Listen Sie dazu in einem ersten Schritt im Vorstand zusammen mit der Projektgruppe und weiteren Interessierten die Unternehmen und Institutionen auf, die Ihnen in den Sinn kommen. Als kleiner Verein werden Sie sich tendenziell eher an Firmen in der Region wenden.

Achten Sie bei der Suche auf den Ruf dieser künftigen Partner. Überlegen Sie sich, ob deren Produkte, Dienstleistungen oder ganz generell deren Werte zu Ihrem Verein passen würden. Natürlich sollten Sie nicht mehreren Unternehmen, die sich konkurrenzieren, gleichzeitig Sponsorenverträge anbieten.

Sind Sie sich darüber einig, welche Firmen angegangen werden sollen, klären Sie ab, wer aus Ihrem Verein Kontakt zu wichtigen Personen dieser Firmen hat. Kennt jemand Verwaltungsräte, Direktionsmitglieder oder Leute aus der Marketing- und Sponsoringabteilung? Nutzen Sie solche Verbindungen, vereinbaren Sie aber genau, wer wen anfragt und an wen Ihr Dossier geschickt wird.

Stossen Sie mit Ihrer Anfrage auf Interesse und kommt ein Verhandlungstermin zustande, bereiten Sie sich gründlich auf die Zusammenkunft vor. Bestimmen Sie die Delegation Ihres Vereins. Auf jeden Fall sollte der Präsident oder die Präsidentin dabei sein. Erkundigen Sie sich, wie viel Zeit Ihnen für die Präsentation zur Verfügung steht und wie viele Personen

anwesend sein werden. Stellen Sie für alle Anwesenden eine Informations-
mappe über Ihren Verein zusammen, die neben dem Sponsoringkonzept
gegebenenfalls auch Medienberichte und Referenzen enthält. Fertigen Sie
als Anschauungsbeispiele auf das Unternehmen angepasste Entwürfe von
Sponsoringformen an.

Versetzen Sie sich zur Vorbereitung der Präsentation in die Lage des
potenziellen Sponsors: Wie tickt das Unternehmen? Welche Ziele könnte

REFERENZEN

Geeignet sind bekannte
Persönlichkeiten bzw.
Ehrenmitglieder, andere
Sponsoren und Gönner,
die ein positives Testimo-
nial abgeben können.

es mit Ihrer Unterstützung erreichen? Welches Budget
dürfte für Sponsoring zur Verfügung stehen? Sprechen
Sie danach innerhalb der Delegation ab, wer über welche Themen informiert. Damit die Präsentation zügig
und eindrücklich ablaufen kann, nutzen Sie technische
Möglichkeiten (insbesondere einen vorhandenen Beamer) oder behelfen Sie sich mit einem Flipchart. Passen
Sie Ihr Auftreten und Ihre Kleidung dem Anlass und
dem Unternehmen an. Tragen Sie Ihre Anliegen mit
Überzeugung und selbstbewusst vor: Sie und Ihr Verein haben dem Unternehmen etwas zu bieten – Sie sind keine Bettler, sondern gleichberech-
tigte Verhandlungspartner.

War Ihr Auftritt erfolgreich und haben Sie eine mündliche Zusage der
Firmenverantwortlichen erhalten, protokollieren Sie die Vereinbarungen
genau. Um die getroffenen Abmachungen in einem Vertrag auszuformu-
lieren, ziehen Sie mit Vorteil einen Juristen oder eine Juristin bei.

TIPP *Pflegen Sie einen regelmässigen Kontakt mit Ihrem Spon-
soringpartner. Bei Verträgen, die über mehrere Jahre laufen,
empfiehlt es sich, die Erfahrungen mindestens einmal pro Jahr an einer
gemeinsamen Sitzung auszuwerten.*

Auch ohne eigentlichen Sponsorenvertrag kann Ihr Verein Werbeflächen
verkaufen. Vor allem Sportvereine nutzen diese Einnahmequelle mit Ban-
den- und Trikotwerbung. Aber auch andere Vereine können gegen Entgelt
Werbeinserate in ihrer Mitgliederzeitung abdrucken, auf dem Vereinsfahr-
zeug ein Firmenlogo und/oder eine Werbebotschaft platzieren sowie auf
der vereinseigenen Internetseite Bannerwerbung zulassen.

Events: einmalige Vereinsaktionen und -anlässe

Es gibt unzählige Möglichkeiten, mit einer besonderen Aktion oder einem Anlass zusätzliche Gelder für den Verein zu erwirtschaften – sei es mit einem vereinsinternen Vorhaben oder einem Projekt für die breite Öffentlichkeit. Oft können Sie dabei das Nützliche oder Ertragreiche mit dem Vergnüglichen verbinden. Ein gemeinsamer und lustvoller Einsatz während einer Geldbeschaffungsaktion sorgt auch für Kitt innerhalb des Vereins. Bevor Sie sich in die Vorbereitungsarbeiten für einen solchen Anlass stürzen, sondieren Sie, ob Sie mit der geplanten Veranstaltung in der Bevölkerung auf Interesse stossen. Nichts ist frustrierender, als wenn trotz grossen Engagements statt eines satten Gewinns nur knapp die Auslagen gedeckt sind oder gar ein Verlust resultiert.

TYPISCHE VEREINSAKTIONEN UND -ANLÄSSE ZUR MITTELBESCHAFFUNG

- Auktion / Versteigerung
- Arbeitseinsatz (Altpapiersammlung, Putzaktion)
- Auftritt an öffentlicher Veranstaltung oder Firmenanlass (Konzert, Show)
- Ausstellung
- Backsteinverkauf (symbolisch für Clubhaus)
- Basar
- Benefizanlass (Ball, Galadiner)
- Börse
- Chlaus- / Weihnachtsabend
- Familienbrunch
- Flohmarkt
- Grümpelturnier
- Jahrmarktstand
- Lotto / Tombola (siehe Seite 90)
- Sponsorenlauf
- Turnier (Jassen, Tischfussball)
- Unterhaltungsabend (Theaterstück, Konzert, Maskenball)

HINWEIS *Für Aktionen auf öffentlichem Grund – insbesondere für Spendensammlungen – müssen Sie in der Regel im Voraus eine Bewilligung einholen. Erkundigen Sie sich deshalb am besten direkt* *bei der Gemeindeverwaltung nach den geltenden Bestimmungen und Auflagen.*

Lotto und Tombola

Viele Vereine bessern ihre Kasse mit einer grossen Lottoveranstaltung oder einer attraktiven Tombola auf. Solche Geldbeschaffungsaktionen sind bei vielen Leuten beliebt, kann doch mit relativ kleinem Einsatz ein attraktiver Preis gewonnen werden. Oft locken als Gewinne nicht nur die obligaten Fahrräder und die üppigen Früchtekörbe, sondern sogar Autos und Badeferien.

Wirtschaftliche Tätigkeit als Einnahmequelle

Vereine dürfen sich laut Gesetz nur nichtwirtschaftlichen Aufgaben widmen. Sie können sich jedoch wirtschaftlicher Mittel bedienen, um ihren idealistischen Zweck zu verfolgen:

- Der Hip-Hop-Treff bietet in den Schulferien Tanzkurse für Kinder an. Mit dem eingenommenen Kursgeld finanziert er einen Teil seiner Fixkosten (Miete, Tanzlehrer etc.).
- Der Hockeyclub vermietet sein Vereinslokal an andere Vereine, Organisationen und Private und kann dank der Mieteinnahmen seine Jugendförderung stärken.
- Der Verein zur Erhaltung eines alten Dampfschiffs führt gegen Entgelt Rundfahrten und Events durch. Mit den Einnahmen finanziert er den Schiffsunterhalt.
- Der Naturschutzclub verkauft einen Wanderführer. Mit dem Verkaufserlös finanziert er seine politischen und rechtlichen Vorstösse.

Nur bedingt zu empfehlen: Darlehen und Kredite

Ihr Verein kann Darlehen und Kredite aufnehmen. Wie für den Privathaushalt gilt aber auch hier: Laufende Ausgaben sollten mit ordentlichen Mitteln gedeckt werden. Was Ihr Verein für die allgemeine Geschäftsführung zur Erfüllung des Vereinszwecks braucht, müssten Sie mit den übli-

chen und budgetierbaren Einnahmen finanzieren können. Ein Darlehen
für eine besondere, einmalige Aufwendung oder zur Überbrückung eines
vorübergehenden Engpasses ist nur zu empfehlen, wenn eine genaue Finanzplanung aufzeigt, dass die Rückzahlung und Verzinsung innert vernünftiger Frist möglich ist.

Schulden können für die Vereinskasse zur Belastung werden. Die Zinsen
drücken, der Verein wird vom Geldgeber abhängig, Rückzahlungen müssen geleistet werden: Dies alles engt den Finanzspielraum des Vereins ein.
Vor allem Sportvereine können durch zu hohe Schulden in eine prekäre
Situation geraten, denn bei Überschuldung droht ihnen der Lizenzentzug
durch den Dachverband.

Hypotheken

Wenn Ihr Verein den Erwerb oder den Bau eines Clubhauses plant, werden Sie die ganze Kauf- oder Bausumme kaum durch Mitgliederbeiträge,
Spenden und eventuell Subventionen aufbringen können. Sie müssen daher eine Hypothek aufnehmen. Damit die Belastung durch die Hypothe-
karzinsen für Ihren Verein tragbar bleibt, muss die Hypothekarsumme
Ihren finanziellen Möglichkeiten angepasst sein. Die Kredit gebende Bank
wird deshalb von Ihnen genügende Sicherheit und eine seriöse Finanzplanung verlangen.

Vermögen und Steuern

**Bei vielen Vereinen sind die Einnahmen, kaum sind sie da, schon
wieder weg. Dennoch lohnt es sich für jeden Verein, die Vermögens-
situation stets im Auge zu behalten.**

Eines ist klar: Hat Ihr Verein nur wenige Tausend Franken Vermögen,
werden Sie keine ausgefeilten Anlagestrategien brauchen; das Auf und
Ab der Börsen wird Ihnen keine Kopfschmerzen bereiten. Und die ausge-

schütteten Zinsen sind nur ein nebensächlicher Posten bei den Vereinseinnahmen. Dennoch: Machen Sie eine sorgfältige Liquiditätsplanung. So haben Sie jederzeit genug flüssige Mittel, um die anfallenden Kosten zu decken, horten aber nicht unnötig hohe Beträge auf einem Kontokorrent- oder Postkonto mit geringem Zinsertrag.

Das Vermögen bewirtschaften

Haben Sie grössere Beträge zu verwalten, brauchen Sie je nach Statuten ein vom Vorstand oder von der Mitgliederversammlung abgesegnetes Konzept für die kurz- und langfristigen Vermögensanlagen. Grundlagen für dieses Konzept sind die Liquiditätsplanung und die längerfristige Finanzpolitik Ihres Vereins. Sie werden auch die ethische Ausrichtung Ihres Vereins einbeziehen wollen: Ein «grün angehauchter» Verein wird beispielsweise Fonds anpeilen, die in die Förderung von erneuerbaren Energien investieren.

Erläutern Sie der Hauptversammlung Ihren Antrag zur Geldanlage sehr gründlich, dann wird Ihnen und dem Vorstand für dieses Geschäft auch Décharge erteilt, und die Mitglieder können später gegenüber dem Vorstand keine Ansprüche mehr erheben (mehr dazu Seite 185).

HINWEIS *Wird die Verwaltung des Vereinsvermögens statutarisch dem Vorstand übertragen, ist dieser auch für die Wahl der Anlageform zuständig. Er muss aber – wie bei allen anderen Geschäften – sorgfältig handeln. Er darf das Vereinsvermögen nicht in hoch spekulative Anlagen investieren. Zudem muss er dafür sorgen, dass die Zahlungsfähigkeit des Vereins nicht gefährdet wird. Fehlt Ihnen das nötige Fachwissen, lassen Sie sich besser von einer vertrauenswürdigen Fachperson beraten.*

Verrechnungssteuer

Guthaben bei Banken und bei PostFinance (Sparkonti und Kassenobligationen), Obligationen, Aktien von inländischen Aktiengesellschaften, Genossenschaftsanteile, Partizipationsscheine und Fondsanteile werfen Erträge ab. Diese sind verrechnungssteuerpflichtig. Die Verrechnungssteuer ist eine Quellensteuer: Sie wird bei der Schuldnerin – also bei der Bank oder Aktiengesellschaft – und nicht beim Empfänger erhoben. So kürzt beispielsweise die Bank den Bruttozinsertrag der Gelder auf Ihrem Vereinskonto um 35 Prozent und überweist diesen Betrag an die Eidgenössische Steuerverwaltung. Ihr Verein erhält eine Bescheinigung der Bank, auf der bestätigt wird, dass die Verrechnungssteuer ordnungsgemäss abgezogen wurde. Viele Banken ziehen die Verrechnungssteuer allerdings nur noch ab, wenn der Zinsertrag des betreffenden Kontos 200 Franken übersteigt.

Als juristische Person kann Ihr Verein die Verrechnungssteuer bei der Eidgenössischen Steuerverwaltung zurückfordern – im Gegensatz zu den natürlichen Personen, die sich für die Rückerstattung an die Steuerbehörde ihres Wohnkantons wenden müssen. Die Verrechnungssteuer wird Ihrem Verein zurückerstattet, sofern folgende Voraussetzungen erfüllt sind:

- Der Verein hat seinen Sitz in der Schweiz.
- Der Verein ist berechtigt, das entsprechende Vermögen zu nutzen.
- Der Verein hat die Vermögenserträge in seiner Buchhaltung ordnungsgemäss erfasst.

HINWEIS *Den Rückerstattungsantrag müssen Sie mit dem «Formular 25 – Antrag auf Rückerstattung der Verrechnungssteuer» an die Steuerbehörde stellen. Dieses Formular können Sie direkt auf der Internetseite der Eidgenössischen Steuerverwaltung (www.estv.admin.ch) bestellen oder als QDF-Datei zum Ausfüllen am PC herunterladen. Der Antrag kann frühestens am Ende desjenigen Kalenderjahres gestellt werden, in dem der zu versteuernde Ertrag fällig geworden ist – aber spätestens innerhalb von drei Jahren.*

Gewinn- und Kapitalbesteuerung

In der Schweiz bestehen von Kanton zu Kanton unterschiedliche Gesetze zur Besteuerung von Einkommen und Vermögen, Gewinn und Kapital. Seit das Bundesgesetz über die Harmonisierung der direkten Steuern bei Kantonen und Gemeinden (StHG) in Kraft ist, werden die Unterschiede kleiner. Die Kantone sind verpflichtet, ihre Steuergesetze innerhalb des vom Bund vorgegebenen Rahmens anzupassen.

Befreiung von der Steuerpflicht

Laut dem Harmonisierungsgesetz unterliegen Vereine wie andere juristische Personen der Gewinn- und Kapitalbesteuerung. Von der Besteuerung befreit werden können Vereine und juristische Personen, die öffentliche oder gemeinnützige Zwecke verfolgen. Die Steuerbefreiung beschränkt sich auf Gewinne und Kapitale, die ausschliesslich und unwiderruflich diesen Zwecken gewidmet sind. Die Steuerbefreiung gilt auch nicht für allfällige Gewinne aus Grundstücksverkäufen.

Auch Vereine, die nicht einem gemeinnützigen Zweck nachgehen, können in Zukunft unter gewissen Umständen auf eine Steuerbefreiung hoffen. Denn ab dem 1. Januar 2018 sind juristische Personen, die einem ideellen Zweck nachgehen – also insbesondere Vereine – von der direkten Bundessteuer befreit, sofern ihr steuerbarer Gewinn nicht mehr als 20 000 Franken beträgt. Doch damit nicht genug: Die Kantone müssen gestützt auf das Steuerharmonisierungsgesetz bis zu diesem Datum für die kantonalen Steuern ebenfalls eine solche Steuerbefreiung einführen, können aber die Höhe der Freigrenze selbst bestimmen.

Auch Vereine, die keinem gemeinnützigen Zweck nachgehen, können in Zukunft unter gewissen Umständen auf eine Steuerbefreiung hoffen. Denn ab dem 1. Januar 2018 sind juristische Personen, die einem ideellen Zweck nachgehen – also insbesondere Vereine – von der direkten Bundessteuer befreit, sofern sie einen steuerbaren Gewinn von maximal 20 000 Franken erzielen. Doch damit nicht genug: Die Kantone müssen gestützt auf das Steuerharmonisierungsgesetz bis dann für die kantonalen Steuern ebenfalls eine solche Steuerbefreiung einführen, können aber die Höhe der Freigrenze selbst bestimmen.

EIN REGIONALER NATURSCHUTZVEREIN, der sich aktiv für die Erhaltung der Artenvielfalt, die Schonung der Umwelt und insbesondere der natürlichen Ressourcen einsetzt, kann sich gute Hoffnungen auf eine Steuerbefreiung machen. Ein Sportverein, der sich primär um den Spielbetrieb für seine aktiven Mitglieder kümmert, gilt hingegen kaum als gemeinnützig im Sinne des Steuerrechts – selbst wenn seine Aktivitäten mittelbar auch der Allgemeinheit dienen.

HINWEIS *Für eine Steuerbefreiung müssen Sie ein offizielles Gesuch einreichen. Anhand der Statuten und der Vereinsrechnung müssen Sie belegen, dass Ihr Verein gemeinnützig ist oder einen öffentlichen Zweck verfolgt. Dieser Nachweis ist jährlich zu erbringen. Je nach Regelung in Ihrem Kanton werden Spenden an Ihren Verein in der Steuererklärung der Spender und Spenderinnen bei den Abzügen als «freiwillige Zuwendungen» anerkannt (siehe auch Seite 82).*

Steuerpflicht

Unterliegt Ihr Verein der Steuerpflicht, gelten nach dem Steuerharmonisierungsgesetz grundsätzlich recht grosszügige Regelungen zur Berechnung des Gewinns. So werden insbesondere die Mitgliederbeiträge an die Vereine nicht zum steuerbaren Gewinn gezählt. Dasselbe gilt für Spenden, die Vereine als Schenkungen erhalten. Beiträge, denen eine konkrete Gegenleistung gegenübersteht – wie etwa die Kostenbeteiligung für das Trainingslager oder Sponsoringgelder – müssen hingegen versteuert werden.

Von den steuerbaren Erträgen können die zur Erzielung dieser Erträge erforderlichen Aufwendungen abgezogen werden (sogenannte Gewinnungskosten). Andere Aufwendungen, die nicht der Gewinnerzielung – aber immerhin der Zweckerfüllung – dienen, können nur insoweit abgezogen werden, als sie die Mitgliederbeiträge übersteigen. Schliesslich stehen Ihrem Verein alle steuerlichen Möglichkeiten offen, die «normale», gewinnorientierte, juristische Personen haben: Abschreibungen, Rückstellungen, Verlustvortrag etc.

Die Vermögenssteuer wird in den Kantonen laut Steuerharmonisierungsgesetz nach den Bestimmungen für natürliche Personen berechnet. Am besten wenden Sie sich für detaillierte Informationen an die zuständigen Steuerbehörden.

GUT ZU WISSEN *Die meisten Kantone publizieren auf ihren Websites weiterführende Informationen zur Besteuerung von Vereinen.*

Mehrwertsteuer

Die Mehrwertsteuer (MwSt.) ist eine allgemeine Verbrauchssteuer. Sie wird auf allen Phasen der Produktion und des Vertriebs, bei Dienstleistungen sowie bei der Einfuhr von Gegenständen erhoben. Abrechnungspflichtig ist, wer einen Umsatz von jährlich mehr als 100 000 Franken aus steuerbaren Leistungen erzielt. Für nicht gewinnstrebige, ehrenamtlich geführte Sport- und Kulturvereine sowie gemeinnützige Institutionen liegt die Grenze bei 150 000 Franken Jahresumsatz.

Die Steuer ist auf Basis der Bruttoeinnahmen zu entrichten. Allerdings darf man in der Abrechnung die Steuer abziehen, die auf selber bezogenen Gegenständen und Dienstleistungen lastet (Vorsteuerabzug).

Nicht alle Leistungen werden gleich hoch besteuert. Für die meisten Lieferungen von Gegenständen und für nahezu alle Dienstleistungen gilt der Normalsatz von 8 Prozent. Waren des täglichen Bedarfs, vor allem Ess- und Trinkwaren (ausgenommen alkoholische Getränke), Medikamente, aber auch gewisse Zeitungen, Zeitschriften und Bücher werden nur mit dem reduzierten Satz von 2,5 Prozent belastet.

Eine ganze Reihe von Leistungen sind von der Mehrwertsteuer ausgenommen – so in den Bereichen Gesundheit, Sozialwesen, Unterricht, Kultur, Geld- und Kapitalverkehr, Versicherungen, Vermietung von Wohnungen und Verkauf von Liegenschaften.

Fallen Mitgliederbeiträge unter die Mehrwertsteuerpflicht?

Bei nicht gewinnorientierten Vereinen sind die statutarisch beziehungsweise von der zuständigen Generalversammlung festgesetzten Mitgliederbeiträge von der Mehrwertsteuer ausgenommen. Sind alle Mitglieder durch die Statuten verpflichtet, einen ausserordentlichen Beitrag zu leisten, um das Defizit zu decken oder ein spezielles Projekt zu finanzieren, sind auch diese Einnahmen nicht der Mehrwertsteuerpflicht unterstellt.

HINWEIS *Nicht zum steuerbaren Umsatz zählen Spenden, Gönnerbeiträge und Legate von Privatpersonen, Institutionen oder Unternehmen, sofern durch den Verein keine Gegenleistungen erbracht werden.*

Führt ein als gemeinnützig anerkannter Verein einen Basar oder einen Flohmarkt durch, sind diese Einnahmen von der Mehrwertsteuer ausgenommen, ebenso die Erträge von Abzeichenverkäufen und Ähnlichem. Solche Einkünfte müssen aber immer der Finanzierung des Vereinszwecks dienen. Subventionen und andere Beiträge der öffentlichen Hand – zum Beispiel Defizitgarantien – müssen ebenfalls nicht versteuert werden.

TIPP *Ein Verein kann freiwillig auch Umsätze versteuern, die eigentlich steuerbefreit wären. Dies ist sinnvoll, wenn dadurch mehr Vorsteuern abgezogen werden können, als neue Steuern zusätzlich zu entrichten sind. Für eine solche Option muss bei der Steuerverwaltung frühzeitig ein Gesuch gestellt werden.*

Mehrwertsteuer bei einer Veranstaltung

Viele Vereine erreichen keinen Umsatz an steuerbaren Leistungen, der die Grenze von 150 000 Franken überschreitet. Führen sie jedoch eine grosse Veranstaltung durch, könnten sie in diesen Bereich vorstossen. Bei ausserordentlichen – nicht jährlich wiederkehrenden – Veranstaltungen werden zur Berechnung der Mehrwertsteuer nur die Umsätze dieses Anlasses beigezogen. Die übrigen Umsätze des Vereins müssen nicht deklariert werden.

HINWEIS *Bei der Eidgenössischen Steuerverwaltung (www.estv.admin.ch) sind neben einer sehr umfangreichen allgemeinen Wegleitung spezielle Broschüren und Merkblätter erhältlich, die sich unter anderem verschiedenen Fragen rund um die Mehrwertsteuer für Vereine widmen.*

6

Vereinsversammlung

Die Generalversammlung (GV) ist der vereinsinterne Event schlechthin: Als oberstes Organ müssen die Mitglieder an der GV wichtige Entscheide fällen und die Weichen für die Weiterentwicklung des Vereins stellen. Versuchen Sie als Mitverantwortlicher für das Wohlergehen Ihres Vereins, einen Anlass zu kreieren, der Ihren Mitgliedern in positiver Erinnerung bleibt.

Ideale Rahmenbedingungen schaffen

So viele Vereine existieren, so viele Bezeichnungen gibt es für die Vereinsversammlung: Generalversammlung respektive GV, Mitglieder-, Haupt- oder Jahresversammlung. Wichtig ist aber nicht, wie der Anlass bezeichnet wird, sondern wie er über die Bühne geht.

Obwohl jedes Mitglied stolz sein müsste, über die wichtigsten Belange «seines» Vereins mitentscheiden zu dürfen (siehe Kompetenzen in separater Box), empfinden erfahrungsgemäss viele Vereinsmitglieder diesen Termin als lästige Pflicht und versuchen deshalb, irgendeine Ausrede zu finden, um sich für den Anlass zu entschuldigen. Das führt im Ergebnis dazu, dass die Jahresversammlungen zwar landauf, landab – wie gesetzlich vorgeschrieben – stattfinden, dass aber nur ein kleiner Teil der Mitglieder teilnimmt. Vor allem für den Vorstand, der die GV organisiert, ist das frustrierend. Noch schlimmer aber ist: Eine Minderheit des Vereins entscheidet über wichtige Vereinsgeschäfte.

KOMPETENZEN DER MITGLIEDERVERSAMMLUNG

Als oberstes Organ des Vereins hat die Mitgliederversammlung gemäss Vereinsrecht folgende wichtige Kompetenzen:

- Aufsicht über die anderen Organe, insbesondere über den Vorstand
- Genehmigung/Ablehnung des Jahresberichts und der Jahresrechnung
- Erteilung/Verweigerung der Décharge (Entlastung) der anderen Organe
- Erlass und Änderung der Statuten (sogenannte Satzungshoheit)
- Festlegung des Mitgliederbeitrags gemäss Statuten
- Wahl/Abwahl des Vorstands gemäss Statuten
- Abberufung des Vorstands und anderer Vereinsorgane aus wichtigen Gründen
- Aufnahme und Ausschluss von Mitgliedern gemäss Statuten
- Entscheid über Beschwerden
- Beschluss über die Auflösung des Vereins

Das muss nicht sein: Wenn das Vereinsrecht schon vorsieht, dass die Mitglieder einmal im Jahr zusammenkommen, dann sollten die Vereinsverantwortlichen dies als Chance nutzen. Als Vorstand liegt es an Ihnen, mit einer guten Vorbereitung und einem zugkräftigen Rahmen- oder Begleitprogramm die Versammlung attraktiv zu machen.

Einmal pro Jahr – plus Ausnahmen

Die ordentliche Hauptversammlung findet normalerweise einmal pro Jahr statt. Sie wird vom Vorstand nach Abschluss des Rechnungsjahres einberufen. Das Rechnungsjahr stimmt meist mit dem Vereinsjahr überein – ausser dies sei in den Statuten anders geregelt. Das Vereinsjahr wiederum kann ganz einfach dem Kalenderjahr (1. Januar bis 31. Dezember) entsprechen oder einer anderen in den Statuten festgelegten Zeitspanne, etwa vom 1. April bis 31. März.

> **❗ HINWEIS** *Wenn über wichtige Angelegenheiten rasch entschieden werden muss, kann eine ausserordentliche Vereinsversammlung durch die Versammlung selbst, den Vorstand oder durch einen Fünftel der Mitglieder einberufen werden. Die Vereine dürfen dieses Quorum in ihren Statuten erleichtern, nicht aber erschweren.*

Vereinsversammlungen, an denen Traktanden von einiger Bedeutung zur Sprache und Abstimmung kommen, müssen korrekt durchgeführt werden – ansonsten sind die daraus hervorgegangenen Beschlüsse anfechtbar oder im Extremfall sogar nichtig (siehe dazu Seite 186). Damit eine Versammlung gelingt, braucht es deshalb eine gründliche Vorbereitung durch den Vorstand.

Beginnen Sie so früh wie möglich mit den Organisationsarbeiten – und denken Sie dabei nicht nur an den Inhalt und das Formelle, sondern auch an die passenden Rahmenbedingungen. Denn die Mitglieder kommen mit einer gewissen Erwartungshaltung an die GV. Und sie wollen sich wohlfühlen. Diese Erwartungen zu erfüllen ist die Aufgabe des Eventmanagements: Erstellen Sie ein Konzept, wie die Versammlung mit allem Drum und Dran ablaufen soll. Wichtiger Bestandteil des Konzepts ist das Budget – vor allem dann, wenn der Anlass im grösseren Rahmen, mit

Referat, Unterhaltungsprogramm oder dergleichen stattfinden soll. In einem solchen Fall empfiehlt es sich sogar, ein Organisationskomitee einzusetzen.

TIPP *Fassen Sie alle Ihre Erfahrungen, Tops und Flops vor, während und nach der Versammlung in einer Checkliste zusammen und ergänzen Sie diese Liste laufend. Sie werden im folgenden Jahr froh sein, wenn Sie darauf zurückgreifen können. Dasselbe gilt später auch für Ihre Nachfolgerin oder Ihren Nachfolger.*

Terminplanung: Das Umfeld nicht vergessen

Wenn Sie das Datum für Ihre Versammlung festlegen, achten Sie darauf, dass am selben Tag nicht noch andere kulturelle oder sportliche Events stattfinden oder gerade Schulferien sind. In vielen Gemeinden gibt es sogenannte Vereinskonferenzen, an denen alle Ortsvereine die Terminwünsche für ihre Veranstaltungen im kommenden Jahr bekannt geben. Sie einigen sich auf einen gemeinsamen Veranstaltungskalender und vermeiden so unliebsame Terminkollisionen.

Geben Sie Ihren Mitgliedern den Termin möglichst früh bekannt. Es genügt eine kurze Voranzeige mit dem Hinweis, die detaillierte Einladung folge später. Weisen Sie auch schon darauf hin, bis zu welchem Zeitpunkt noch Anträge eingereicht werden können. Vielleicht doppeln Sie mit einer Mitteilung im Vereinsbulletin und in der Lokalzeitung nach. Tragen Sie den Anlass gegebenenfalls auch auf der Internetseite Ihres Vereins und der Gemeinde im Veranstaltungskalender ein. Nutzt Ihr Verein für seine interne und externe Kommunikation soziale Medien wie Facebook oder Twitter, so ist auch dies ein effektiver Kanal, um frühzeitig auf die anstehende Vereinsversammlung aufmerksam zu machen. Sie können über diesen Weg sogar Wünsche und Anregungen für die Versammlung einholen, was wiederum deren Attraktivität steigern könnte.

Schliesslich lassen Sie die Vorinformation – falls erwünscht – auch Medien, Sponsoren und Gästen (beispielsweise Persönlichkeiten aus Politik und Wirtschaft, befreundeten Vereinen) zukommen. Holen Sie Zusagen für Referate und Präsentationen ein und führen Sie frühzeitig Verhandlungen mit Künstlern und Künstlerinnen, die eventuell im Rahmenprogramm auftreten sollen. Suchen Sie auch jetzt schon freiwillige Helferinnen und Helfer.

HINWEIS *Die definitive Einladung zur Hauptversammlung muss rechtzeitig verschickt werden, und zwar so, dass den Mitgliedern genügend Zeit bleibt, sich auf die Geschäfte vorzubereiten oder zusätzliche Traktandenwünsche einzureichen. Ist in den Statuten nicht vermerkt, wie früh die Einladung zu erfolgen hat, sollten Sie eine Mindestfrist von einer Woche bis zehn Tagen einhalten, damit die späteren Beschlüsse nicht anfechtbar sind.*

Versammlungsort und -zeit

Legen Sie Versammlungszeit und Versammlungsort so fest, dass alle Mitglieder rechtzeitig eintreffen und zu vernünftiger Zeit wieder heimkehren können. Nehmen Sie dabei Rücksicht auf die hauptsächlichen Berufsgruppen, die unter Ihren Mitgliedern vertreten sind. Berufstätige Frauen werden Sie nicht an einem Donnerstagnachmittag und Bauern nicht schon abends um 18 Uhr zusammenrufen. Achten Sie auch auf den Fahrplan des öffentlichen Verkehrs und vermerken Sie die Bus- und Bahnverbindungen auf der Einladung. Legen Sie der Einladung für Ortsunkundige einen Anfahrtsplan bei, auf dem die Parkplätze angegeben sind.

TIPP *Erwarten Sie zu Ihrer Versammlung Eltern oder Alleinerziehende mit kleineren Kindern, so organisieren Sie einen Betreuungsdienst. Vielleicht lässt sich eine Jugendgruppe dafür engagieren.*

Reservieren Sie frühzeitig passende Räumlichkeiten und lassen Sie sich Datum, Benützungsdauer, bereitstehende Infrastruktur, Preis und eventuell Verpflegung schriftlich bestätigen. Achten Sie bei der Auswahl auf die Grösse des Raums, denn diese hat einen Einfluss auf die Stimmung: Ein kleiner, gut gefüllter Saal verleiht den Versammlungsteilnehmenden ein Gefühl von Stärke und Bedeutung und schafft eine gute Atmosphäre. In einem viel zu grossen beziehungsweise nur halb gefüllten Saal fühlen sich die Leute hingegen eher verloren und angreifbar.

Wird keine Anmeldung verlangt, ist es schwierig, im Voraus die Zahl der Versammlungsteilnehmerinnen und -teilnehmer abzuschätzen. Auch die Erfahrungen früherer Jahre können täuschen. Ein besonders zugkräftiges Programm neben den üblichen Traktanden, eine umstrittene Abstimmung oder eine Kampfwahl führen vielleicht zu einem unerwartet grossen Publikumsaufmarsch.

TIPP *Wählen Sie im Zweifelsfall den Saal lieber etwas zu gross. Eventuell lässt sich der Raum mit mobilen Wänden verkleinern, oder Sie können den hinteren Teil mit eigenen Plakatständern abgrenzen. Stellen Sie schon vorher sicher, dass Sie bei grossem Andrang zusätzliche Stühle auftreiben können, damit während der Versammlung niemand stehen muss.*

Die Ausstattung des Versammlungssaals

Machen Sie sich im Voraus Gedanken zur Bestuhlung des Saals und sprechen Sie diese im Detail mit dem Saalvermieter ab. Alle Versammlungsteilnehmenden sollten einen ungehinderten Blick zum Vorstandstisch oder Rednerpult haben. Eine Anordnung im Halbrund oder in Hufeisenform ist deshalb ideal.

Die Anwesenden werden eine Ablagefläche für Unterlagen und zum Schreiben schätzen, was für Tische spricht. Eine Saalbestuhlung mit Tischen hat jedoch den Nachteil, dass einige mit dem Rücken zum Podium sitzen. Eine ideale Zwischenlösung sind Stühle mit einer verbreiterten Armlehne als Schreibunterlage, wie es sie in grossen Hörsälen gibt.

Befürchten Sie wegen der Sitzordnung Sichtprobleme, so stellen Sie ein erhöhtes, für alle sichtbares Podium auf. Hier können alle Vorstandsmitglieder Platz nehmen oder zumindest diejenigen, die die Versammlung leiten und das Protokoll führen.

TIPP *Wer auf dem erhöhten Podium sitzt, schätzt es, wenn der Tisch vorne mit Tüchern oder Tischpapier kaschiert wird. Bringen Sie Namenstafeln in grosser Schrift an, damit das Publikum erkennen kann, wer auf dem Podium sitzt.*

Technische Hilfsmittel – weniger ist mehr

In Sachen audiovisuelle Geräte gehört der Beamer mittlerweile zum Standard. Wo ein solcher fehlt, wird mindestens ein Hellraumprojektor zur Verfügung stehen. So oder so: Setzen Sie technische Hilfsmittel sparsam und gezielt ein – etwa zur Schaffung von Aufmerksamkeit, zur Übersicht über Ihre Präsentation und / oder zur Überleitung zum nächsten Punkt sowie zur Zusammenfassung der wichtigsten Informationen. Denken Sie bei der Vorbereitung daran, dass Sie als Person im Zentrum Ihres Referats stehen sollten. Gerade bei Powerpoint-Präsentationen begehen viele immer wieder den Fehler, zu viele Informationen oder Animationen einzubauen, was nicht nur vom Inhalt, sondern auch vom Redner ablenkt.

TIPP *Testen Sie Ihre Powerpoint-Präsentation unbedingt vor der Versammlung, denn das eigene Notebook oder Tablet ist erfahrungsgemäss nicht immer kompatibel mit dem fremden Beamer. Bestimmen Sie eine Person, die für die Bedienung der Geräte und die Verdunkelung des Saales verantwortlich ist.*

Bei einer grösseren Versammlung beziehungsweise einem akustisch ungünstigen Saal sind Sie möglicherweise auf technische Unterstützung angewiesen. Dazu gehören in der Regel Mikrofone, Verstärkeranlage und Lautsprecher. Die Audiotechnik ist zwar weit fortgeschritten, insbesondere verfügen moderne Anlagen über drahtlose Mikrofone. Doch auch diese sind vor Pannen nicht gefeit. Testen Sie die Anlage deshalb schon vor der Versammlung. Im Saal Mikrofone zu verteilen, spart Zeit, weil nicht alle, die sich zu Wort melden, aufs Podium steigen müssen. Gewiefte Rednerinnen und Redner wählen trotzdem ein Mikrofon, das vorne im Saal steht, weil die Anwesenden ihnen so eher Aufmerksamkeit schenken.

Auch bei einer gut vorbereiteten Versammlung kann es vorkommen, dass Sie kurzfristig auf einen Fotokopierer angewiesen sind. Stellen Sie also vorgängig sicher, dass auch dieses Hilfsmittel vorhanden ist.

Gute Atmosphäre im Versammlungssaal

Ein guter Verhandlungsverlauf hängt auch von der Atmosphäre ab. Verwandeln Sie einen eher tristen Raum mit einfachen Mitteln in einen einladenden, stimmungsvollen Saal. Blumenarrangements, von der Decke hängende Windspiele, die das Thema des Anlasses aufnehmen, geschmückte Tische, ein kleines Geschenk an jedem Platz oder grossformatige Fotos und Plakate aus der Vereinsgeschichte bringen Farbe und Fröhlichkeit in den Raum. Eventuell können Sie auch den Vereinssponsoren die Gelegenheit zu einer Präsentation geben.

HINWEIS *Events wie die Mitgliederversammlung, das jährliche Turnier oder der Vereinsausflug sind wichtige Instrumente der (Unternehmens-)Kommunikation. Sie sollten deshalb die Grundzüge dieser Anlässe bereits in Ihrem Kommunikationskonzept festlegen. Nur so schaffen Sie eine in sich stimmige und effektive Kommunikation nach innen und aussen – und Sie erleichtern durch diese Vorgaben auch die Vorbereitung des konkreten Anlasses (mehr zum Kommunikationskonzept auf Seite 152).*

Achten Sie auf eine ausreichende und angenehme Beleuchtung und stellen Sie die Frischluftzufuhr sicher. Es ist selbstverständlich, dass während der Versammlung weder im Saal noch ausserhalb geraucht wird. Planen Sie dafür Pausen ein und geben Sie die Auszeiten zu Sitzungsbeginn auch gleich bekannt. So verhindern Sie ein ständiges Kommen und Gehen.

Vor Versammlungsbeginn muss auch der Service für Getränke und Essen abgeschlossen sein, damit die Veranstaltung nicht durch das Bedienungspersonal gestört wird. Sind Tische vorhanden, gehören Getränke und Glä-

GROSSANLASS DELEGIERTENVERSAMMLUNG

Sehr grosse Vereine mit Hunderten von Mitgliedern und einem ausgedehnten Einzugsgebiet können aus logistischen Gründen keine Hauptversammlung durchführen, an der alle Mitglieder teilnehmen. Eine demokratische Willensbildung wäre an einer solchen Versammlung nur schwer möglich. Darum tritt bei Grossvereinen oder Verbänden die Delegiertenversammlung an die Stelle der Mitgliederversammlung. In der Schweiz sind auch die meisten Parteien als Vereine organisiert und halten jährlich eine oder mehrere Delegiertenversammlungen ab. Diese Versammlungen werden oft als medienwirksame Kongresse veranstaltet.

Grossvereine, Verbände und Parteien sind häufig in Kantons-, Regional- oder Ortssektionen aufgeteilt. Diese Sektionen dürfen nach dem in den Statuten festgelegten Zahlenschlüssel eine bestimmte Anzahl Delegierte an die Versammlung abordnen. Die Vereinsmitglieder wählen die Delegierten ihrer Sektion. Als Mitglied treten Sie so Ihr Stimm- und Wahlrecht, das Ihnen gemäss Vereinsrecht eigentlich persönlich zusteht, an ein anderes Vereinsmitglied ab.

Die Statuten legen fest, welche Geschäfte an Delegiertenversammlungen behandelt werden und was deren Befugnisse sind. Der Zentralvorstand beruft die Delegiertenversammlung ein und leitet sie. ■

ser von Beginn an auf den Tisch. Pausenerfrischungen sollten ausserhalb des Tagungssaals angeboten werden.

HINWEIS *Legen Sie im Voraus fest, wer gegebenenfalls für die Betreuung der Gäste und der Medienleute zuständig ist. Fertigen Sie eventuell Namensschildchen an, die vor dem Eingang auf einem Tisch bereitliegen.*

Den Versammlungsablauf vorbereiten

Es reicht nicht aus, die Mitglieder «nur» davon zu überzeugen, dass die GV für sie der wichtigste Vereinsanlass ist. Sorgen Sie mit einem reibungslosen Ablauf auch dafür, dass die Teilnahme möglichst angenehm ist.

Beschliessen Sie im Vorstand, welche Geschäfte an der Versammlung traktandiert werden und wer für welches Geschäft verantwortlich ist. Für eine Haupt-, Jahres- oder Generalversammlung ist klar, dass Jahresbericht und Jahresrechnung – inklusive Revisorenbericht – zur Genehmigung vorgelegt werden und dass um Décharge des Vorstands ersucht wird. Vielleicht stehen auch Wahlen an. Erörtern Sie frühzeitig, wer aus dem Vorstand zurücktreten wird und wer bleibt. Planen Sie die Nachfolgen langfristig. Wenn feststeht, wer sich als neues Vorstandsmitglied zur Verfügung stellt, besprechen Sie mit den Kandidierenden, wie sie sich an der Versammlung persönlich vorstellen wollen. Legen Sie der Traktandenliste ein Blatt mit Informationen über die Kandidatinnen und Kandidaten bei.

Anhand dieser Abklärungen entwerfen Sie nun die Traktandenliste und erstellen einen vorläufigen Ablaufplan oder ein Drehbuch für die Versammlung. Beachten Sie dabei auch allfällige Vorgaben in den Statuten oder in einem anderen Erlass wie zum Beispiel der Geschäftsordnung (siehe Muster im Anhang).

Grundregeln für eine korrekte GV

Fehlt eine Geschäftsordnung, hat sich in Ihrem Verein für die Durchführung der Versammlung vielleicht über Jahre hinweg eine bestimmte Praxis gebildet – die sogenannte Vereinsusanz oder die Vereinsübung. Fehlen auch solche Usanzen, sollten Sie sich wenigstens an die folgenden Grundsätze halten:

- Die Versammlung wird von der Präsidentin beziehungsweise vom Präsidenten eröffnet und geleitet – im Verhinderungsfall von der Stellvertretung, insbesondere von der Vizepräsidentin.
- Bei der Wahl ins Präsidium übernimmt die Stellvertretung vorübergehend den Vorsitz.
- Der oder die Vorsitzende leitet die Debatten und achtet dabei auf Anstand, Fairness und Ordnung im Diskussionsverlauf.
- Die Verhandlungen müssen – wie auch die GV selbst – formell eröffnet und wieder abgeschlossen werden. Auf diese Weise wird die zu protokollierende Versammlung von informellen Gesprächen abgegrenzt.
- Jedes Mitglied hat ein Recht auf Wortmeldung, darf sich also frei zu den Geschäften äussern und Zusatzanträge zu den bestehenden Traktanden stellen – es muss dabei aber sachlich bleiben.
- Über wichtige Verfahrensfragen – wie zum Beispiel die Rückweisung oder Verschiebung von Geschäften – entscheidet immer die Versammlung.
- Es muss mindestens ein Beschlussprotokoll geführt werden.

Protokoll – was gehört hinein?

Bestimmen Sie frühzeitig, wer das Versammlungsprotokoll führt – es sei denn, die Statuten oder ein Pflichtenheft würden dies bereits festlegen. Normalerweise übernimmt die Aktuarin oder der Sekretär die Protokollführung. Es kommt auch vor, dass diese Aufgabe jedes Mal einer anderen Person aus dem Vorstand oder dem Kreis der Mitglieder anvertraut wird. In kleinen Vereinen ohne Sekretariat oder Aktuariat, wo nur ein sogenanntes Beschlussprotokoll erstellt wird, mag eine wechselnde Protokollführung von Vorteil sein. Grössere Vereine sind auf detailliertere Protokolle angewiesen und setzen daher eher auf Professionalität. Das Protokoll soll so geführt werden, dass alle Willensbildungsprozesse später nachvollzogen werden können. So sind unter anderem sämtliche Abstimmungsergebnisse und Wortmeldungen schriftlich festzuhalten. Hilfreich fürs Protokollieren kann sein, die Versammlung mittels Aufnahmegerät aufzuzeichnen. Die wichtigsten Protokollinhalte umfassen:

- Datum, Zeit und Ort der Versammlung
- Leitung der Versammlung
- Gästeliste
- Präsenzliste – mit Angabe des absoluten Mehrs
- Namen der Stimmenzähler und Stimmenzählerinnen
- Traktandenliste
- Wortmeldungen mit Namen der Votanten und Votantinnen
- Sämtliche Abstimmungs- und Wahlergebnisse (genauen Wortlaut von Abstimmungen festhalten)
- Schluss der Versammlung
- Verfasser bzw. Verfasserin des Protokolls – mit Ort, Datum und Unterschrift

Weitere Hinweise zur Protokollführung finden Sie in der Checkliste auf Seite 52.

Einladung und Traktandenliste

Spätestens mit der Einladung müssen die Mitglieder die Traktanden der Versammlung erfahren – egal, auf welche Weise. Sie können also auf der definitiven Einladung gleich auch die Traktandenliste aufführen, oder Sie schreiben einen Einladungsbrief und legen diesem die Traktandenliste bei. Entscheiden Sie im Vorstand, welche weiteren Unterlagen Sie mit der Einladung verschicken wollen – namentlich:

- Jahresbericht
- Jahresrechnung
- Jahresplanung mit Budgetentwurf
- Informationen zu Wahlkandidaten und Wahlkandidatinnen
- Entwurf einer Statutenänderung
- Unterlagen zu weiteren Traktanden
- Beilagen zum Rahmenprogramm

- Hinweise zum Versammlungsort (inklusive Wegbeschreibung und Fahrplan)
- Anmeldetalon
- Stimmkarte

Weniger ist auch bei der Einladung mehr: Decken Sie Ihre Mitglieder nicht mit Papier zu. Jede Beilage sollte die Nummer und den Titel des entsprechenden Traktandenpunktes tragen. Verwenden Sie verschiedenfarbige Blätter für die Unterlagen. Ansprechend und praktisch ist es, wenn Sie aus der gesamten Dokumentation eine kleine Broschüre herstellen. So gewinnen die Mitglieder leichter einen Überblick – und es geht nichts verloren.

HINWEIS *Für Anträge von Mitgliedern, die an der Versammlung behandelt werden müssen, sollte Ihr Verein in den Statuten eine entsprechende Eingabefrist festlegen. Denken Sie bei der Bestimmung dieser Frist daran: Je kürzer sie ist, desto weniger Vorbereitungszeit haben Sie, um im Vorstand eine Stellungnahme zu den Anträgen vorzubereiten.*

CHECKLISTE: SO GLIEDERN SIE DIE TRAKTANDENLISTE

Bei der GV werden Sie die folgenden Geschäfte traktandieren müssen:

- Genehmigung des Protokolls der letzten Versammlung
- Rechenschaftslegung des Vorstands: Jahresbericht, Jahresrechnung und Revisionsbericht
- Entlastung des Vorstands (Décharge)
- Behandlung sämtlicher Traktandenpunkte, die sich auf das Budget auswirken: Jahresprogramm, Mitgliederbeiträge etc.
- Jahresbudget
- Behandlung von Statutenänderungen und weiteren Geschäften im Kompetenzbereich der GV
- Wahlen: Vorstand, Revision
- Behandlung von Anträgen der Mitglieder, die sich nicht auf die bereits traktandierten Geschäfte beziehen
- Verschiedenes: Informationen von allgemeinem Interesse
- Abschluss des offiziellen Teils der Versammlung

Legen Sie sich im Vorstand eine Taktik zurecht

Besprechen Sie im Vorstand eingehend die vorgesehenen Traktanden und die von den Mitgliedern eingereichten Anträge. Gibt es umstrittene Geschäfte oder heikle Themen? Beraten Sie über Ihre Stellungnahmen und Haltungen zu den einzelnen Punkten und sprechen Sie Ihre Taktik untereinander ab. Nehmen Sie dazu – falls erforderlich – auch Rücksprache mit den antragstellenden Mitgliedern.

Damit die Versammlung zügig und juristisch korrekt durchgeführt werden kann, sollten Sie sich auch schon auf verschiedene Reaktionen und Fragen der Anwesenden gefasst machen. Wenn Sie die möglichen Szenarien vorher durchspielen und sich dabei insbesondere bereits Antworten zu den «nasty questions» (hässlichen Fragen) zurechtlegen, werden Sie im Ernstfall nicht so schnell überrumpelt. Dies stärkt Ihr Auftreten und verleiht Ihnen Sicherheit.

Rechte und Pflichten der Versammlungsleitung

Normalerweise leitet der Vereinspräsident respektive die -präsidentin die Versammlung. Bei bestimmten Traktanden kann die Leitung an einzelne Vorstandsmitglieder delegiert werden – insbesondere bei der Wiederwahl ins Präsidium.

Als Versammlungsleiter oder -leiterin haben Sie eine Reihe von Rechten und Pflichten. Zu den allgemein gültigen Grundsätzen zählen:

- Sie eröffnen die Versammlung und sorgen für eine speditive, sachgemässe, gesetzes- und statutenkonforme Erledigung der Geschäfte.
- Sie haben alle Befugnisse und Rechte, um einen ordnungsgemässen Ablauf sicherzustellen und durchzusetzen.
- Sie leiten die Diskussionen, erteilen das Wort und sprechen Ordnungsmassnahmen aus – etwa einen Ordnungsaufruf, eine Wortentziehung.
- Sie können eine Redezeitbeschränkung vorschlagen, um den Versammlungsablauf zügiger zu gestalten.
- Sie müssen sich unparteiisch verhalten, dürfen sich aber an den Diskussionen beteiligen und den Standpunkt des Vorstands vertreten.
- Bei Wahlen fragen Sie die Gewählten: «Nehmen Sie das Amt an?»
- Sie schliessen die Versammlung.

Eröffnung der Versammlung

Es versteht sich von selbst: Ein Event wie die Vereinsversammlung muss einen klar erkennbaren Anfang haben – nur schon, um bei den Teilnehmenden die nötige Aufmerksamkeit und Spannung zu erzeugen.

Eröffnen Sie die Versammlung ganz offiziell – und möglichst pünktlich. Ab diesem Zeitpunkt können Verstösse gegen das Reglement später vor Gericht angefochten werden. Deshalb hat jetzt auch die Protokollführung zu beginnen, und allen Anwesenden muss klar sein, dass private Plaudereien einzustellen sind.

Oft werden zu solchen Versammlungen Gäste eingeladen (Vertretungen von Behörden, Politik, Kirchen, Kultur, Sport und Wirtschaft). Für die «VIPs» gibt es spezielle Begrüssungsprotokolle. Ob Sie sich daran halten und jeden einzelnen Gast mit Namen und Funktion begrüssen wollen, müssen Sie und Ihr Vorstand entscheiden. Ein mehr summarisches Verfahren – dafür herzlich und originell – wird sicher eher geschätzt als eine minutenlange Begrüssungslitanei.

Vergessen Sie bei Ihrer Begrüssung gegebenenfalls die Vertreter der Medien nicht. Auch die Ehrenmitglieder verdienen besondere Aufmerksamkeit. Vermeiden Sie jedoch beim Begrüssungsritual den Eindruck, «gewöhnliche» Vereinsmitglieder seien bei dieser Veranstaltung nur Anwesende zweiter Klasse. Sie sollen im Gegenteil im Mittelpunkt stehen, denn ein Verein ist nur lebensfähig, wenn er von seinen Mitgliedern getragen wird.

TIPP *Die wichtigsten Gäste möchten häufig Grussworte an die Versammlung richten. Vereinbaren Sie vorher, wann und wie lange – oder besser: wie kurz – sie sprechen sollen. Solche Grussworte können zu Beginn oder, vor allem wenn mehrere Leute sprechen wollen, zwischen einzelnen Traktanden platziert werden.*

Formelles: am Anfang zu klären

Zu Beginn sind einige formelle Punkte zu berücksichtigen. Weisen Sie darauf hin, dass die Versammlung ordnungsgemäss einberufen und die Vorgaben und Fristen der Statuten eingehalten wurden. Halten Sie fest, wie viele stimmberechtigte Mitglieder anwesend sind (durch Eintrag in die Präsenzliste, Kontrolle der Stimmkarten usw.), und geben Sie die Entschuldigungen bekannt.

Wird in Ihren Vereinsstatuten eine Mindestzahl von anwesenden Mitgliedern vorgeschrieben, muss diese Zahl erreicht sein, damit die Versammlung beschlussfähig ist.

IST STELLVERTRETUNG BEI DER AUSÜBUNG DES STIMMRECHTS ERLAUBT?

Es kommt darauf an, ob die Statuten eine solche Stellvertretung gestatten – und ob generell oder mit gewissen Auflagen. Enthalten die Statuten gar keine Bestimmungen zu dieser Frage, ist die bisherige langjährige Praxis – die Vereinsusanz – massgebend. Das heisst: Ist die Stellvertretung in Ihrem Verein seit je üblich, ist sie auch jetzt zulässig. Wurde dies hingegen in Ihrem Verein nie so praktiziert, ist die Stellvertretung ausgeschlossen, denn Vereine sind von Gesetzes wegen stark auf die Persönlichkeit der einzelnen Mitglieder bezogen.   ■

Wahl der Stimmenzählerinnen und -zähler

In grösseren Vereinen brauchen Sie für Wahlen und Abstimmungen Stimmenzählerinnen beziehungsweise Stimmenzähler. Zur Wahl dürfen Sie nur Stimmberechtigte vorschlagen. Teilen Sie nach der Wahl jedem und jeder einen Sektor im Saal – inklusive Vorstandstisch – oder eine Anzahl Sitzreihen zum Zählen zu. Wenn Sie Stimmkarten ausgeteilt haben, erleichtert dies das Zählen. Achten Sie darauf, dass die Stimmenzählerinnen und -zähler auch ihre eigene Stimme mitzählen und dass klar erkennbar ist, wer nicht stimmberechtigt ist. Unter Umständen ist es sinnvoll, Nichtstimmberechtigte in einem separaten Sektor zu platzieren.

Wird offen, das heisst mit erhobener Hand, durch Aufstrecken der Stimmkarte oder durch Aufstehen gestimmt und gewählt, lassen Sie nur auszählen, wenn das Resultat nicht offensichtlich ist. Für geheime Wahlen und Abstimmungen lassen Sie Stimmzettel austeilen.

Genehmigung der Traktandenliste

Die vorliegende Traktandenliste muss von den Mitgliedern zu Beginn der Versammlung genehmigt werden. Dabei sollten Sie vor allem klären, ob Ordnungsanträge auf Verschiebung der Traktanden beziehungsweise auf Umstellung von deren Reihenfolge vorliegen (zum Thema Ordnungsanträge siehe auch Seite 116). Sollen auf Antrag aus der Versammlungsmitte noch zusätzliche Geschäfte mit erheblicher Tragweite – etwa Statutenänderungen oder Beitragserhöhungen – behandelt werden, konsultieren Sie zuerst die Bestimmungen in den Vereinsstatuten: Sind solche spontanen Anträge möglich oder müssen sie unter Einhaltung einer gewissen Frist vorab eingereicht werden? Prüfen Sie auch, ob die Hauptversammlung für die Behandlung dieser Geschäfte überhaupt zuständig ist.

Anträge zu einzelnen Traktandenpunkten behandeln Sie erst beim betreffenden Geschäft.

Der Ablauf der Versammlung

Bei der Durchführung zeigt sich, ob Sie die Generalversammlung gut vorbereitet haben. Im besten Fall läuft sie wie am Schnürchen ab. Allerdings lassen sich kleine Ungereimtheiten oder Verzögerungen nicht immer verhindern.

Sind die nötigen Vorbereitungshandlungen und Formalitäten zu Beginn der Versammlung erledigt, läuft die General-, Haupt- oder Jahresversammlung nach einem bestimmten Muster ab. Am Anfang steht die Genehmigung des Protokolls.

Genehmigung des Protokolls der letzten GV

Sie können bei der Protokollgenehmigung unterschiedlich vorgehen:

- Sie lassen das Protokoll vorlesen – das kann je nach Länge zeitraubend sein.
- Sie legen es der Einladung bei.
- Sie lassen es unter den Anwesenden zirkulieren und erst zu einem späteren Zeitpunkt von der Versammlung genehmigen.
- Sie lassen dem Vorstand die Kompetenz zur Genehmigung übertragen.

HINWEIS *Werden Abänderungs- oder Ergänzungsanträge zum Protokoll gestellt, lassen Sie darüber diskutieren und abstimmen. Werden die Änderungen gutgeheissen, kommen sie unter dem Titel «Protokollberichtigung» ins Protokoll der laufenden Vereinsversammlung.*

Einführung in die einzelnen Traktanden

Erläutern Sie kurz, worum es bei dem Geschäft geht und worüber abgestimmt werden soll. Eventuell haben Sie zusammen mit der Einladung schon zusätzliche Informationen zur Vorlage abgegeben. Handelt es sich um ein gewichtiges Geschäft, führen Sie zuerst eine Grundsatzdiskussion, eine sogenannte Eintretensdebatte. Soll dieses Geschäft überhaupt behandelt werden?

DA DIE KUNSTEISBAHNEN in der Region gut ausgelastet sind, waren für die Heimspiele des Plauschhockeyclubs «Rocking Ice Devils» bisher nur Spielzeiten frühmorgens oder spätabends in weiter Entfernung erhältlich. Dank guter Beziehungen des Präsidenten bietet sich dem Hockeyclub nun die Möglichkeit, sich bei einer geplanten Eishalle in der Nähe vorzeitig einzukaufen und sich so Wunscheiszeiten zu einem moderaten Preis zu sichern. Dieses Vorhaben wirft einige Grundsatzfragen auf – insbesondere zur Finanzierung. Deshalb will der Präsident zuerst über das Für und Wider eines solchen Einkaufs diskutieren.

115

Legen Sie die Position und die Empfehlung des Vorstands dar und geben Sie die Diskussion zum Eintreten frei. Vielleicht wird schon jetzt klar, dass das Vorhaben keine Chance hat, dann kann man sich die langwierige Debatte um Details sparen. So oder so – am Schluss stimmen Sie ab über Eintreten, ja oder nein. Wird Eintreten abgelehnt, fällt das Geschäft aus der Traktandenliste. Ist die Mehrheit für Eintreten, folgt die «richtige» Debatte.

Richtig diskutieren

Alle Mitglieder haben das Anrecht auf Wortmeldungen. Als Versammlungsleiterin oder -leiter erklären Sie die Diskussion für eröffnet und erteilen das Wort in der Reihenfolge, wie sich die Anwesenden gemeldet haben. Dabei haben die, die noch nicht zum Verhandlungsthema gesprochen haben, Vorrang vor denen, die ihre Meinung bereits kundgetan haben. Wenn Sie den Eindruck haben, es sei nun wirklich alles gesagt, erklären Sie «Schluss der Debatte». Jetzt hat niemand mehr das Recht, sich zum Geschäft zu äussern – es sei denn, es müssten noch Missverständnisse geklärt oder persönliche Angriffe abgewehrt werden.

Je nach Komplexität eines Geschäfts strukturieren Sie es und lassen über einzelne Punkte separat diskutieren und abstimmen – beispielsweise über einzelne Artikel eines Reglements oder bestimmte Posten eines Budgets. Auf jeden Fall müssen Sie am Ende des Traktandums nochmals über den Antrag als Gesamtes – mit den beschlossenen Änderungen – abstimmen lassen.

Sach- und Ordnungsanträge

Nebst den Anträgen, welche die Mitglieder im Vorfeld der Versammlung zuhanden der GV stellen können, sind auch an der Versammlung selbst noch Anträge zu den traktandierten Geschäften möglich. Dabei ist grundsätzlich zu unterscheiden zwischen Ordnungsanträgen und Sachanträgen.

Ordnungsanträge beziehen sich auf das Verfahren, also auf die Art und Weise, wie ein Diskussionspunkt behandelt werden soll. Folgende Ordnungsanträge kommen in der Praxis häufig zur Anwendung:

- Antrag auf Verschiebung des Traktandums – zum Beispiel auf einen späteren Zeitpunkt oder auf die nächste Versammlung
- Antrag auf Schluss der Debatte, wenn alles gesagt ist
- Antrag auf Redezeitbeschränkung – insbesondere bei vielen Wortmeldungen
- Antrag auf geheime Abstimmung – etwa bei umstrittenen Geschäften
- Antrag auf Verbindung, um über zwei oder mehrere Geschäfte gemeinsam zu beraten und abzustimmen
- Antrag auf Trennung, um über einzelne Punkte separat zu beraten und abzustimmen
- Antrag auf Rückweisung des Geschäfts – beispielsweise zur Überarbeitung an den Vorstand oder die Projektgruppe
- Antrag, auf ein Geschäft zurückzukommen
- Antrag auf Wiederholung einer Abstimmung
- Antrag auf Abbruch der Versammlung, weil nur noch wenige Mitglieder anwesend sind

HINWEIS *Mitglieder können jederzeit Ordnungsanträge stellen. Der oder die Vorsitzende muss sofort darüber abstimmen lassen.*

Sachanträge betreffen den Inhalt eines Traktandums: Soll sich der Hockeyclub in die neue Eishalle einkaufen oder nicht? Bei Sachanträgen sind Hauptanträge, Gegenanträge, Abänderungsanträge und Unterabänderungsanträge möglich:

- Ein Hauptantrag ist der Vorschlag des Vorstands oder eines Vereinsmitglieds, wie über ein auf der Traktandenliste aufgeführtes Geschäft oder eine Frage zu entscheiden sei.
- Ein Gegenantrag ist eine Alternative zum Hauptantrag.
- Ein Abänderungsantrag ist ein Verbesserungsvorschlag zum Haupt- oder Gegenantrag.
- Ein Unterabänderungsantrag ist ein Verbesserungsvorschlag zu einem Abänderungsantrag.

Bereinigung der Anträge nach dem «Cupsystem»
Aus einer Debatte resultieren erfahrungsgemäss verschiedene Ordnungs- und Sachanträge. Daraus die definitive Reihenfolge der Anträge für die

Abstimmung festzulegen, gehört zu den schwierigsten Aufgaben der oder des Vorsitzenden. Wichtigste Grundregel: Bewahren Sie ruhig Blut und verschaffen Sie sich zuerst einen Überblick über die Anträge.

Zuerst wird über die Ordnungsanträge abgestimmt – erst danach sind die Sachanträge an der Reihe. Als Vorlage für die Bereinigung der Sachanträge dient das «Cupsystem», wie es vor allem vom Fussball her bekannt ist: Zuerst lassen Sie alle Unterabänderungsanträge gegeneinander beziehungsweise die (obsiegenden) Unterabänderungsanträge gegen die Abänderungsanträge antreten. Der siegreiche Antrag daraus trifft dann auf den Hauptantrag. Der Sieger aus dieser Abstimmung steht im «Final» gegen den Gegenantrag. Aufgepasst: Die Siegerehrung findet erst statt, nachdem der verbliebene Vorschlag in der Schlussabstimmung mit dem erforderlichen Stimmenmehr bestätigt wurde.

DIE SPIELER DES PLAUSCHHOCKEYCLUBS «Rocking Ice Devils» bereiten sich jeweils am ersten Septemberwochenende während eines Trainingscamps in Arosa auf die kommende Saison vor. Der Präsident beantragt im Namen des Vorstands, auch dieses Jahr wieder ein solches Camp durchzuführen. Ein Mitglied schlägt vor, wegen des zehnjährigen Bestehens des Clubs anstatt des Trainingscamps ein Jubiläumsturnier in der eigenen Eishalle zu organisieren. Aus der darauffolgenden Diskussion resultieren noch weitere Anträge. Am Schluss der Debatte verschafft sich der Präsident einen Überblick:

- Trainingscamp wie bisher in Arosa (Hauptantrag des Vorstands)
- Jubiläumsturnier anstatt Trainingscamp in der eigenen Eishalle (Gegenantrag)
- Jubiläumsturnier anstatt Trainingscamp in Arosa (Abänderungsantrag zum Gegenantrag)
- Jubiläumsturnier anstatt Trainingscamp in Arosa erst nach Saisonende (Unterabänderungsantrag)
- Trainingscamp wie bisher, aber in Chur (Abänderungsantrag zum Hauptantrag)

Zur Bereinigung der Anträge schlägt der Präsident der Versammlung folgendes Abstimmungsschema vor:
- 1. Abstimmung: Unterabänderungsantrag (Jubiläumsturnier anstatt Trainingscamp in Arosa erst nach Saisonende) gegen Abänderungs-

antrag zum Gegenantrag (Jubiläumsturnier anstatt Trainingscamp in Arosa)
- 2. Abstimmung: obsiegender Antrag aus der 1. Abstimmung gegen Gegenantrag (Jubiläumsturnier anstatt Trainingscamp in der eigenen Eishalle)
- 3. Abstimmung: Abänderungsantrag zum Hauptantrag (Trainings-camp wie bisher, aber in Chur) gegen Hauptantrag des Vorstands (Trainingscamp wie bisher in Arosa)
- 4. Abstimmung: eventuell modifizierter Hauptantrag des Vorstands gegen eventuell modifizierten Gegenantrag
- 5. Abstimmung: obsiegender Antrag aus der 4. Abstimmung Ja oder Nein

GUT ZU WISSEN *Wer für einen Unterabänderungsantrag stimmt, ist nicht verpflichtet, später den obsiegenden Abänderungs-antrag zu unterstützen. Dasselbe gilt, wenn es um Gegenanträge zum Hauptantrag geht. Wer also im obigen Beispiel in der zweiten Abstim-mungsrunde für den Gegenantrag stimmte, muss in der vierten Ab-stimmung nicht zwangsläufig wieder dafür stimmen.*

Einfacher sind natürlich Abstimmungen ohne Gegen- oder Abänderungs-anträge. Da lautet die Frage des Präsidenten oder der Präsidentin bei-spielsweise beim Genehmigen des Budgets einfach:
- «Wer das vorgelegte Budget für die kommende Periode genehmigen will, bezeuge dies durch Handerheben.»
- «Gegenstimmen?»
- «Enthaltungen?»

Ehrungen

Tritt ein Vorstandsmitglied zurück, ist ein Mitglied seit einer «feierungs-würdigen» Anzahl Jahre beim Verein (20, 25, 30 Jahre) oder hat ein Funk-tionär sich durch besonderes Engagement in der Vereinsarbeit hervorge-tan, so ist es sicher am Platz, diese Person an der Versammlung zu ehren. Je nach Vereinstradition werden Sie als Präsidentin oder Präsident diese Ehrung mehr oder weniger feierlich vornehmen. Dazu gehören anerkennende Worte – gewürzt mit Anekdoten aus dem Vereinsleben – und ein kleines Geschenk. Sicherlich schätzen es die Geehrten, wenn nicht einfach der obligate Blumenstrauss oder die Weinflasche überreicht wird, sondern ein auf die Persönlichkeit abgestimmtes originelles Geschenk (siehe auch Kapitel «Präsentationen und Reden halten», Seite 150).

Wahlen – so transparent und fair wie möglich

Ist die in den Statuten vorgesehene Amtsdauer abgelaufen, müssen die verbleibenden Vorstandsmitglieder an der Hauptversammlung für eine weitere Amtsdauer bestätigt werden. Wenn es im Verein keine Unstimmigkeiten gibt und alle mit der Arbeit des Vorstands zufrieden sind, laufen solche Bestätigungswahlen ohne Probleme ab. Massgebend für den Ablauf sind die Vereinsstatuten oder -usanzen. Meistens werden der Vorstand als Ganzes und das Präsidium durch Akklamation – also die Wahl ohne Abstimmung, sondern mit Applaus – im Amt bestätigt. Der Vorgang muss aber auch bei dieser formlosen Art durch den Vizepräsidenten oder die Vizepräsidentin geleitet werden. Dies wird er oder sie natürlich mit einer Würdigung der präsidialen Arbeit und einem herzlichen Dankeschön im Namen des Vereins verbinden.

Erreichen ein oder mehrere Vorstandsmitglieder die maximale Zahl von Amtsjahren oder treten Vorstandsmitglieder zurück, kommt es zu Neuwahlen. Im Idealfall haben Sie schon frühzeitig geeignete Personen für die Nachfolge gesucht und mit diesen vereinbart, wie sie sich an der Hauptversammlung vorstellen. Sie können die Kandidierenden auch auf der Traktandenliste aufführen oder sie den Mitgliedern auf einem Beiblatt mit Foto und persönlichen Angaben präsentieren.

Bewerben sich mehrere Personen für einen Sitz im Vorstand, kommt es zur Kampfwahl. Fairerweise werden Sie allen Kandidierenden die Gelegenheit geben, sich persönlich der Versammlung vorzustellen und Fragen aus dem Publikum zu beantworten. Machen Sie klare Vorgaben für diese Vorstellungsrunden, damit die Spiesse für alle gleich lang sind. Danach sollten die Kandidierenden den Saal verlassen, damit die Vereinsmitglieder offen über die zur Wahl stehenden Personen diskutieren können. Je nach Statutenregelung oder Vereinsusanz dürfen die Kandidierenden bei der Wahl ihre Stimme ebenfalls abgeben oder müssen sich enthalten.

Wird eine geheime Wahl beantragt und von der Versammlung gewünscht, teilen die Stimmenzähler Stimmzettel aus. Die Zahl der eingesammelten Stimmzettel darf die Zahl der ausgeteilten nicht übersteigen, sonst ist die Wahl ungültig. Zettel, die mehr Namen enthalten, als Sitze zu besetzen sind, sind ebenfalls ungültig.

TIPP *Sobald sich mehr als zwei Personen für ein Amt bewerben, empfiehlt es sich, im ersten Wahlgang am absoluten Mehr festzuhalten. Erreicht niemand das absolute Mehr, muss ein zweiter Wahlgang durchgeführt werden. Gewählt ist dann, wer das relative Mehr erhält. Lesen Sie zu den Begriffen absolutes und relatives Mehr auch die Ausführungen ab Seite 122.*

Stimm- und Wahlrecht

Das Stimm- und Wahlrecht ist das wichtigste Recht der Mitglieder. Dennoch: Eine Pflicht zur Stimmabgabe besteht nur, wenn dies in den Statuten so verankert ist. Grundsätzlich gilt in einem Verein das Kopfstimmenprinzip: ein Vereinsmitglied – eine Stimme. Abweichungen müssen in den Statuten geregelt sein.

In den Statuten sollte festgehalten sein, ob ein Mitglied die Stimme stellvertretend für ein anderes Mitglied abgeben darf, das beispielsweise wegen Krankheit nicht an der Versammlung teilnehmen kann. Ergibt sich die Möglichkeit zur Stellvertretung weder aus den Statuten noch aus der langjährigen Tradition (Vereinsusanzen), so ist diese ausgeschlossen.

Ausstandsregeln

Es gibt Gründe, die ein Mitglied zwingen, in den Ausstand zu treten; es ist dann vom Stimmrecht – aber auch schon von der Beratung – ausgeschlossen. Dies ist gemäss Vereinsrecht (Artikel 68 ZGB) der Fall, wenn über Geschäfte zwischen dem Verein und dem Mitglied selber oder seinen nächsten Angehörigen (Ehegatten, eingetragene Partner, Eltern, Kinder, Grosseltern, Enkel) entschieden wird. Wird gegen diese Vorschrift verstossen, ist der Beschluss anfechtbar (siehe Seite 186). In den Statuten kann der Verein den Kreis derer, die in den Ausstand zu treten haben, individuell ausdehnen. Dies muss aber sachlich begründet sein. Die Ausstandsregeln kommen nicht nur bei der Vereinsversammlung zur Anwendung, sondern auch im Vorstand und in anderen Vereinsorganen.

Quoren – wann ist ein Beschluss zustande gekommen?

Im Beratungsalltag des Beobachters taucht immer wieder die Frage auf, wann denn nun ein Beschluss zustande gekommen sei. Dies ist der Fall, wenn der betreffende Antrag das erforderliche Quorum beziehungsweise Stimmenmehr erreicht hat. Aber welches Mehr ist massgebend? Darüber herrscht oft Verwirrung. In der Praxis tauchen verschiedene Mehrheiten auf: absolutes, relatives oder einfaches Mehr, Einstimmigkeit und qualifiziertes Mehr.

Absolutes Mehr. Enthalten die Statuten zur Beschlussfassung respektive zum erforderlichen Stimmenmehr keine Bestimmungen, kommt Artikel 67 Absatz 2 ZGB zur Anwendung: «Die Vereinsbeschlüsse werden mit Mehrheit der Stimmen der anwesenden Mitglieder gefasst.» Als Berechnungsbasis für das absolute Mehr dient also die Zahl der anwesenden Mitglieder (Präsenzliste): Für einen gültigen Beschluss muss die Mehrheit davon für die betreffende Vorlage sein. Ungültige Stimmen oder Stimmenthaltungen gelten als Neinstimmen. Bei einer geraden Zahl von Anwesenden – zum Beispiel 50 – ist das absolute Mehr mit 26 Stimmen erreicht ($50 : 2 + 1 = 26$). Bei einer ungeraden Zahl von Anwesenden – beispielsweise 51 – wird nach der Halbierung der Anzahl Anwesender auf die nächste ganze Zahl aufgerundet ($51 : 2 = 25.5$, aufrunden auf 26).

> **HINWEIS** *Bei Stimmengleichheit – etwa 25 zu 25 – gilt der Beschluss als abgelehnt, ausser der Präsident oder die Präsidentin hat in einem solchen Fall laut Statuten das Recht, einen Stichentscheid zu fällen.*

Einfaches Mehr. Mit einfachem Mehr kommt ein Beschluss zustande, wenn er mehr Ja- als Neinstimmen erreicht. Hier haben die Enthaltungen und allfällige ungültige Stimmen keinen Einfluss.

Relatives Mehr. Stehen mehrere gleichwertige Vorlagen zur Abstimmung oder mehrere Personen für einen Sitz zur Wahl, so gilt im Normalfall für die erste Abstimmungsrunde das absolute Mehr. Nachher gilt die Person als gewählt oder die Vorlage als angenommen, die am meisten Stimmen auf sich vereinigt.

Einstimmigkeit. Ein Anwendungsfall für die Einstimmigkeit ergibt sich direkt aus dem Vereinsrecht (Artikel 74 ZGB): «Eine Umwandlung des Vereinszweckes kann keinem Mitgliede aufgenötigt werden.» Soll sich beispielsweise der Plauschhockeyclub «Rocking Ice Devils» nach dem Willen seines Vorstands nicht mehr dem Eishockey, sondern dem Unihockey widmen, müssten damit alle Mitglieder einverstanden sein. Ausser für die Zweckumwandlung des Vereins schreibt das Gesetz auch für den auf schriftlichem Weg durchgeführten Beschluss – den sogenannten Zirkularbeschluss – Einstimmigkeit vor (siehe auch «Zirkularbeschluss und Urabstimmung», Seite 124).

Den Vereinen steht es frei, auch für andere wichtige Geschäfte Einstimmigkeit oder zumindest qualifizierte Mehrheiten einzuführen.

Qualifiziertes Mehr. Viele Vereine legen in ihren Statuten für gewisse Entscheide – etwa Statutenänderungen oder die Vereinsauflösung – erschwerte Mehrheiten respektive Quoren fest, zum Beispiel zwei Drittel oder drei Viertel aller an der Versammlung anwesenden Mitglieder oder sogar aller Vereinsmitglieder.

Hohe Quoren für Vereinsbeschlüsse – vor allem solche, die sich auf die absolute Mitgliederzahl beziehen – können die Mitglieder vielleicht ein Stück weit «disziplinieren» und zu regelmässigem Versammlungsbesuch anregen; sie bergen aber auch das Risiko, dass der Verein beschluss- und somit handlungsunfähig werden könnte. Zudem geben sie den Minderheiten zu viel Gewicht, indem diese ganz einfach durch Nichterscheinen die Beschlussfassung verunmöglichen können. Fazit: Allzu detaillierte Bestimmungen zu Stimmquoren sind nicht empfehlenswert, weil sie dem Vorstand die Arbeit unnötig erschweren.

Stimmrecht der Versammlungsleitung

Darf sich der Präsident oder die Präsidentin an Abstimmungen und Wahlen beteiligen? Diese Frage ist umstritten und von Verein zu Verein und auch in politischen Gremien unterschiedlich geregelt. So kann zum Beispiel die Präsidentin oder der Präsident des Nationalrates nicht stimmen, bei Stimmengleichheit jedoch den Stichentscheid fällen.

Bei vielen Vereinen herrscht die Tradition, dass Betroffene nicht mitstimmen, wenn es um ihre Wahl geht. Wie Sie es mit dem Stimmrecht des Präsidiums in Ihrem Verein halten wollen, hängt davon ab, was Sie in den Statuten festschreiben. Treffen Sie keine Sonderregelung, kann der Präsident oder die Präsidentin wie die übrigen «gewöhnlichen» Mitglieder wählen und abstimmen.

Zirkularbeschluss und Urabstimmung

Gemäss Vereinsrecht werden die Beschlüsse im Normalfall an der Versammlung gefasst. Das Gesetz sieht aber ausdrücklich vor, dass die schriftliche Zustimmung aller Mitglieder zu einem Antrag einem Beschluss der GV gleichgestellt ist. Ein sogenannter Zirkularbeschluss kommt gültig zustande, wenn ein Antrag unter den Mitgliedern zirkuliert und von allen Stimmberechtigten angenommen wird.

Nicht dasselbe wie der Zirkularbeschluss ist die Urabstimmung – also die briefliche Stimmabgabe. Bei der Urabstimmung kommt der Beschluss mit dem normalen Mehrheitsquorum zustande. Möchte ein Verein die Urabstimmung zulassen, zum Beispiel, um unter dem Jahr über dringende Fragen zu entscheiden, geht das nur, wenn dies in den Statuten so geregelt ist.

TIPP *Überlegen Sie sich gut, ob Sie die Urabstimmung zulassen wollen, denn mit der Einführung der schriftlichen Beschlussfassung würde die Debatte und damit unter Umständen ein Stück Vereinskultur verloren gehen.*

Jahresbericht – was gehört dazu?

Mit dem Jahresbericht informieren Sie die Vereinsmitglieder umfassend über die Tätigkeit des Vorstands während des abgelaufenen Geschäftsjahres. Sie blicken darin zurück auf die wichtigsten Ereignisse im Vereinsleben, zeigen die Entwicklungen und Veränderungen in der Geschäftstätigkeit auf, gehen detailliert auf die Arbeit der einzelnen Ressorts ein und berichten über Zu- und Abgänge im Mitgliederbestand. Nach Möglichkeit weisen Sie auf das gute Zusammenwirken im Vorstand hin und danken allen, die zu einer erfolgreichen Vereinsarbeit beigetragen haben. Dabei erwähnen Sie auch, mit welchen Behörden, Organisationen und Firmen Sie zusammenarbeiten und von wem der Verein ausserordentliche finanzielle Unterstützung erhielt. Vertrauensbildend und motivierend kann auch ein Blick in die Zukunft sein, indem Sie schildern, mit welchen Entwicklungen und Tendenzen Sie in den kommenden Jahren rechnen und welche Vorhaben Sie angehen wollen. Verzichten Sie dabei aber darauf, einen weltpolitischen Exkurs zu machen oder Ihre Mitglieder mit einer Fülle von Daten und Fakten zu langweilen.

Liegt der Jahresbericht gedruckt vor, werden Sie ihn an der Versammlung nicht mehr vorlesen. Bringen Sie mündlich Ergänzungen an oder illustrieren Sie das Vereinsjahr mit Fotos von besonderen Ereignissen oder einem zusammenfassenden Videoclip.

Nach Ihren Ausführungen ergreift die Vizepräsidentin oder der Vizepräsident das Wort, stellt den Jahresbericht zur Diskussion und ermuntert die Mitglieder, Fragen zu stellen. Gibt es keine Wortmeldungen mehr, lässt der Vizepräsident oder die Vizepräsidentin über die Genehmigung des Jahresberichts abstimmen. In manchen Vereinen erfolgt diese Abstimmung in Form eines kräftigen Applauses. Um vor allfälligen Anfechtungsklagen gefeit zu sein, muss aber trotzdem noch nach eventuellen Gegenstimmen gefragt werden. Natürlich dankt nun der Vize der Präsidentin oder dem Präsidenten für den grossen Einsatz.

TIPP *Lockern Sie die Druckversion des Jahresberichts mit Bildern auf. Ergänzen Sie ihn mit Bilanz, Jahresrechnung und Revisionsbericht. Vielleicht stellen Sie auch alle Vorstandsmitglieder und weitere Funktionäre und Funktionärinnen mit Bild, Ressort und Tätigkeitsdauer im Verein vor. Je nach Umfang können Sie auch Spenderinnen und Gönner ab einem bestimmten Betrag auflisten. Soll diese Broschüre als Kommunikationsmittel für den Verein eingesetzt werden, lohnt sich eine professionelle grafische Gestaltung und die Wahl einer guten Papierqualität (siehe auch das Kapitel «Vereinspublikationen», Seite 160).*

Präsentation der Jahresrechnung

An der Hauptversammlung muss der Vorstand Rechenschaft ablegen über die finanzielle Situation des Vereins. Als Kassier oder Kassierin erläutern Sie den Mitgliedern die finanziellen Bewegungen im vergangenen Jahr anhand der Entwicklung der Einnahmen und Ausgaben. Sie begründen ausserordentliche Abweichungen zum Budget und zeigen, ob insgesamt ein Defizit oder ein Vorschlag resultiert ist. Führen Sie die Auswirkungen auf das Vereinsvermögen aus.

Die Versammlung als Ganzes kann die Rechnung nicht überprüfen, sie muss sich auf die Angaben des Kassiers und die eventuell gedruckt vorliegende Bilanz und Erfolgsrechnung verlassen. Deshalb ist es auch für kleinere Vereine empfehlenswert, das Rechnungswesen von Fachleuten revidieren zu lassen. Revisorinnen oder Revisoren können Mitglieder sein, die besondere Kenntnisse in der Buchführung haben. Vereine mit grösserem Umsatz beauftragen mit Vorteil externe Fachleute, eine Revisionsfirma oder ein Treuhandbüro.

Die Revisorinnen und Revisoren verfassen über ihre Kontrollarbeit einen Bericht (siehe Seite 128). Sie nehmen eine Gesamteinschätzung der finanziellen Lage des Vereins vor und schlagen Massnahmen vor, wenn sie Schwachstellen entdecken oder die Vereinskasse in rote Zahlen zu rutschen droht. Sie würdigen die Arbeit des Kassiers oder der Kassierin und empfehlen der Versammlung, die Jahresrechnung anzunehmen oder – im Extremfall – abzulehnen.

Wie prüfe ich als Vereinsmitglied Bilanz und Erfolgsrechnung?

Um sich in den Zahlen, die an der Generalversammlung Ihres Vereins vorgelegt werden, zurechtzufinden und daraus die richtigen Schlüsse zu ziehen, brauchen Sie einige Grundkenntnisse über das Rechnungswesen. Ob die Rechnungslegung korrekt ist, hat schon die Kontrollstelle – also eine vereinsinterne Revisorin und ein Revisor, die externe Revisionsfirma oder das Treuhandbüro – überprüft. Vereine legen an der Jahresversammlung häufig nicht nur ihre Bilanz, sondern auch die Erfolgsrechnung vor.

Die Bilanz
Die Bilanz ist die Gegenüberstellung von Vermögen und Verpflichtungen an einem Stichtag. Dieser Stichtag ist meistens der letzte Tag des Vereinsjahres oder der 31. Dezember. Die Bilanz präsentiert das rechnerische

Schlussresultat aller finanziellen Aktivitäten des Vereins während des vergangenen Jahres. Sie wird erstellt, um herauszufinden, ob der Verein das Jahr mit einem Verlust oder einem Gewinn abgeschlossen hat, und zeigt in einer Übersicht alle Vermögenswerte und Schuldposten auf.

Die Vermögenswerte und Schuldposten werden in einer Inventur festgestellt, in Franken bewertet und in zusammengefasster Form in der Bilanz unter «Aktiven» für Vermögenswerte und «Passiven» für Schulden dargestellt.

CHECKLISTE: SO ÜBERPRÜFEN SIE BILANZ UND ERFOLGSRECHNUNG

Wollen Sie sich ein eigenes Bild über die Bilanz und Erfolgsrechnung und damit über die finanzielle Situation Ihres Vereins machen, achten Sie auf folgende Punkte:

■ Vergleichen Sie das Eigenkapital oder Reinvermögen der aktuellen Rechnungsperiode mit dem der vergangenen Periode. Hat es zugenommen, hat Ihr Verein mit Gewinn gearbeitet. Er hat in der Erfolgsrechnung einen Vorschlag (Einnahmenüberschuss) erzielt. Ist das Eigenkapital unverändert geblieben, gibt es in der Erfolgsrechnung weder einen Gewinn noch einen Verlust zu verzeichnen. Hat das Eigenkapital hingegen abgenommen, hat Ihr Verein im vergangenen Jahr mit Verlust gearbeitet. Der Verlust oder der Rückschlag entspricht dem Ausgabenüberschuss in der Erfolgsrechnung.

■ Setzen Sie das Fremdkapital in Beziehung zum Gesamtkapital; das Ergebnis zeigt Ihnen den Verschuldungsgrad des Vereins. Je höher dieser Verschuldungsgrad wird, desto abhängiger ist der Verein von fremden Geldgebern und umso höher sind die Schuldzinsen, die er bezahlen muss.

■ Setzen Sie das Fremdkapital ins Verhältnis zum Eigenkapital. Daraus ersehen Sie, wie hoch der Anteil des Fremdkapitals in Ihrem Verein ist: Je höher dieser Anteil, umso höher der Einfluss Aussenstehender auf Ihren Verein.

■ Vergleichen Sie die flüssigen Mittel von Kasse, Post- und Bankkonti mit den kurzfristigen Schulden des Vereins (Schulden, die innerhalb der nächsten zwei Monate zu begleichen sind). Daraus lässt sich schliessen, wie liquid oder wie zahlungsfähig Ihr Verein momentan ist.

■ Werden in der Bilanz Posten aufgeführt, die auf einen Franken abgeschrieben sind (sogenannte Erinnerungsposten wie alte Geräte usw.), prüfen Sie, ob dies realistisch ist oder ob untertrieben wurde, um so stille Reserven in der Bilanz zu bilden.

■ Vergleichen Sie die Bilanz Ihres Vereins mit derjenigen eines ähnlichen Vereins. Erkennen Sie eklatante Unterschiede im Aufbau der Bilanz, suchen Sie das Gespräch mit dem Vorstand.

Einzelne Bilanzposten sind schwierig zu bewerten, vor allem Vorräte, mobile Sachanlagen wie Instrumente und Büromöbel oder Immobilien wie ein Clubhaus oder das Vereinslokal. Dabei muss die Balance gefunden werden zwischen Über- und Unterbewertung.

Die Erfolgsrechnung

Die Erfolgsrechnung stellt die Ein- und Ausgaben des vergangenen Rechnungsjahres einander gegenüber und erläutert den erzielten Gewinn oder Verlust im Detail. Deshalb wird sie auch Gewinn- und Verlustrechnung genannt. Die Darstellung ist unterschiedlich: Oft werden zuerst die Einnahmen und dann die Ausgaben aufgeführt; es kann aber auch umgekehrt sein.

Für die Erfolgsrechnung sind Darstellungen hilfreich, die auch den Vergleich zum Budget und eventuell zur Rechnung des Vorjahres machen. Sinnvoll sind auch Kommentare zu grösseren Budgetabweichungen.

Gehen Ihnen die Begründungen zu Budgetabweichungen zu wenig in die Tiefe oder sind Ihnen gewisse Ausgabenposten unklar, so scheuen Sie sich nicht, an der Versammlung entsprechende Fragen zu stellen. Konnten Sie Bilanz und Erfolgsrechnung schon vor der Versammlung studieren, suchen Sie bei Unklarheiten sofort das Gespräch mit dem Kassier oder der Präsidentin. Informieren Sie sich auch über die Strategie, nach der das Vereinsvermögen angelegt wird.

Revisionsbericht und Abnahme der Jahresrechnung

Nach der Diskussion über Bilanz und Erfolgsrechnung wird der Revisionsbericht verlesen. Auf Basis all dieser Unterlagen stimmt die Versammlung ab über die Genehmigung der Bilanz und der Erfolgsrechnung des vergangenen Jahres. Folgt sie der Empfehlung der Revisorinnen respektive Revisoren auf Annahme der Jahresrechnung, so erteilt sie dem Kassier oder der Kassierin sowie dem gesamten Vorstand die Décharge. Das heisst: Sie entlastet den Vorstand von seiner Verantwortung. Sind die Voraussetzungen dank korrekter Rechnungslegung gegeben, hat der Vorstand sogar einen Rechtsanspruch auf die Décharge-Erteilung. Der Vorstand haftet ab diesem wichtigen Zeitpunkt nicht mehr allein für allfällige

Schulden, sondern der Verein mit seinem gesamten Vermögen (mehr dazu auf Seite 185). Klar ist: Wird die Jahresrechnung abgenommen, ist es angezeigt, der Kassierin oder dem Kassier für die gewissenhafte Buchführung und den Einsatz zu danken.

Überleitung zum Budget: das Tätigkeitsprogramm

Je nach Art Ihres Vereins werden Sie als Präsidentin beziehungsweise Präsident den Mitgliedern ein Tätigkeitsprogramm für das kommende – oder bereits laufende – Vereinsjahr vorlegen. Dabei zeigen Sie auf, welche Aufgaben Sie im Vorstand anpacken wollen und welche Veranstaltungen und Angebote Sie für die Mitglieder und die Öffentlichkeit planen. Sie nehmen dazu auch Anregungen aus der Versammlung entgegen. Es ist von Verein zu Verein verschieden, ob ein solches Tätigkeitsprogramm von der Versammlung genehmigt werden muss oder ob es nur (wohlwollend) zur Kenntnis genommen wird. Die Statuten oder die Vereinstradition geben Ihnen hier den Hinweis zum richtigen Vorgehen.

Budget – wichtiges Führungs- und Kontrollinstrument

Mit dem Budget oder dem Voranschlag planen Sie die finanziellen Auswirkungen Ihrer Vereinsaktivitäten im nächsten Jahr. Stützen Sie sich beim Erstellen auf die Erfahrungen früherer Jahre und darauf, wie Sie die künftige Entwicklung einschätzen. Auch hier sind die Vorgehensweisen von Verein zu Verein unterschiedlich: Es gibt Vereine, die das Budget von der Hauptversammlung genehmigen lassen, in anderen wird es von der GV bloss zur Kenntnis genommen.

Aus Sicht des Vorstands ist es empfehlenswert, das Budget von der Versammlung absegnen zu lassen. Damit steht für ihn der finanzielle Handlungsspielraum für das kommende Vereinsjahr zweifelsfrei fest. Allerdings muss er sich an diesen Rahmen dann auch halten – sonst können ihm die Mitglieder eine Verletzung der Sorgfaltspflicht vorwerfen.

So oder so – die Budgetierung wie auch das Vorgehen bei Budgetüberschreitungen beziehungsweise Nachtragskrediten sollte in den Statuten möglichst genau geregelt werden.

Festsetzung der Mitgliederbeiträge

Für viele Vereine sind die Mitgliederbeiträge eine der wichtigsten Einnahmequellen. Darum muss nach der Diskussion über die Finanzlage des Vereins gegebenenfalls auch die Höhe des Mitgliederbeitrags überprüft werden. Beantragt der Vorstand eine Erhöhung, so wurde der entsprechende Einnahmenposten im bereits verabschiedeten Budget mit der Bemerkung «unter Vorbehalt der Genehmigung der Heraufsetzung durch die Hauptversammlung» versehen. Gibt es zur Höhe des Mitgliederbeitrags verschiedene Anträge, so führen Sie die Abstimmung gemäss den Hinweisen ab Seite 117 durch.

Anträge der Mitglieder

Wurden schon vor der Versammlung oder gleich zu Beginn bei der Diskussion über die Traktandenliste Anträge und Vorschläge von Mitgliedern eingereicht, so werden sie nun im Plenum diskutiert. Zuerst begründet der Antragsteller oder die Antragstellerin das Anliegen, dann diskutiert die Versammlung darüber, und der Vorstand gibt seine Meinung ab. Am Schluss wird abgestimmt.

HINWEIS *Der gefasste Beschluss gilt auch dann, wenn das Geschäft nicht formgerecht in der Einladung angekündigt worden ist – sofern er in der Folge nicht deswegen angefochten wird (siehe dazu Seite 186).*

Diverses

Dieses «Sammeltraktandum» dient dem Vorstand dazu, die Mitglieder über Verschiedenes zu informieren und auf kommende Veranstaltungen und Termine hinzuweisen. Vielleicht können Sie schon den Termin und das Thema der nächsten Generalversammlung bekannt geben. Geben Sie auch den Mitgliedern die Gelegenheit, sich zu äussern, Mitteilungen zu machen, Lob und Kritik anzubringen oder Vorschläge zur Vereinsarbeit zu machen.

Abschluss der Versammlung

Bevor Sie die Versammlung offiziell schliessen, überprüfen Sie nochmals die Traktandenliste. Wurden alle Geschäfte erledigt? Nehmen Sie auch mit den Vorstandsmitgliedern und dem Protokollführer oder der Protokollführerin Rücksprache. Wurde nichts vergessen?

Ist alles in Ordnung, so danken Sie Mitgliedern und Gästen für die Teilnahme, erklären die Hauptversammlung für geschlossen und leiten zum fröhlichen inoffiziellen Teil über.

Unmittelbar nach Schluss der Versammlung sollten Sie Zeit einplanen, um gegebenenfalls Fragen der anwesenden Medienleute zu beantworten. Bereiten Sie eine Medienmitteilung vor oder schreiben Sie diese unmittelbar nach der Versammlung, um alle Medien – auch die an der Veranstaltung nicht vertretenen – per E-Mail über die Beschlüsse der Hauptversammlung zu informieren. So sorgen Sie für eine korrekte und möglichst speditive Berichterstattung.

Falls die Versammlung durch ein Referat bereichert wurde, ist es angebracht, sich beim Referenten oder bei der Referentin im Nachhinein auch schriftlich für den Auftritt zu bedanken. Spezielle Gäste oder Sponsoren freuen sich ebenfalls über ein Dankesschreiben nach der Versammlung.

Richtiges Verhalten bei Störungen

Nicht immer verlaufen Versammlungen schön harmonisch. Vor allem, wenn persönliche Animositäten die Atmosphäre vergiften oder verschiedene Lager sich bekämpfen, kann es für den Vorstand und die Mitglieder richtig ungemütlich werden.

Dass die Meinungen im Rahmen der Debatte weit auseinandergehen können, ist normal und liegt in der Natur der Sache. Doch manchmal kommt es vor, dass Minderheiten mit verschiedensten Mitteln versuchen, einen

Beschluss zu verhindern – etwa indem sie die Verhandlungen in die Länge ziehen, um so eine Abstimmung zu verunmöglichen. Dies geschieht durch endloses Reden und das Stellen von immer neuen Anträgen zum selben Verhandlungsgegenstand. Auch wenn das Vorgehen formell korrekt ist, wird in Wirklichkeit das Recht missbraucht. Solch störendes, destruktives Verhalten wird Obstruktion genannt und muss von der Versammlungsleitung unterbunden werden.

TIPP *Als Versammlungsleiterin oder -leiter können Sie Obstruktion durch das Beschränken der Redezeit unterbinden. Um eine endlose Debatte abzukürzen, kann es zudem hilfreich sein, im Rahmen eines Ordnungsantrags zu bestimmen, dass sich jedes Mitglied zur selben Sache nur einmal äussern darf.*

Auch unflätige Zwischenrufe, verletzende Äusserungen während der Debatte oder Stören durch lautes Schwatzen müssen durch die Versammlungsleitung gerügt werden. Störenfriede sollten des Saals verwiesen werden, wenn sonst kein geordneter Versammlungsverlauf mehr möglich ist.

Artet die Versammlung in einen regelrechten Tumult aus, so hilft nur noch ein Abbruch. Beschlüsse, die noch unter «ordentlichen» Umständen formell korrekt gefasst wurden, sind gültig. Bevor die Mitglieder erneut zu einer Versammlung eingeladen werden, braucht es ein Konzept, Verhandlungen unter den zerstrittenen Parteien und ein Team, das die Scherben zu kitten versucht. Zum Vorgehen finden Sie Hinweise im Kapitel «Krisen im Verein» (Seite 173).

ZUSAMMENFASSUNG: HABEN SIE AN ALLES GEDACHT?

1. So früh wie möglich:

■ Festlegung von Termin, Ort und Zeit (Rücksicht auf andere Veranstaltungen, Schulferien etc.)

■ Für grosse Versammlungen: Bildung eines Organisationskomitees

■ Reservation Versammlungsort; Bestätigung von Infrastruktur und Preis

■ Bestimmung des Rahmenprogramms und dementsprechend Einholung von Zusagen für Referate, Präsentationen oder Auftritte von Künstlerinnen und Künstlern

■ Voranzeige an Mitglieder (brieflich oder per Newsletter) und/oder Publikation auf der Internetseite und in sozialen Medien; Hinweis auf Frist für Anträge

■ Voranzeige an Gäste und Medien

■ Suche nach freiwilligen Helferinnen und Helfern

■ Aufgabenverteilung und Festlegung der Zuständigkeiten – etwa für Einrichtung des Versammlungsraums, Betreuung der elektronischen Hilfsmittel, Wegbeschilderung etc.

■ Zusammenstellung der Traktandenliste

2. Termin gemäss Statuten, aber mindestens eine Woche bis zehn Tage vor der GV:

■ Einladung mit Traktandenliste und Unterlagen zu den einzelnen Geschäften – je nach Vereinsusanzen mit Anmeldetalon

■ Spezielle Einladungen an Gäste und Medien

3. Spätestens zwei Wochen vor der Versammlung:

■ Vorbereitung der Geschäfte

■ Festlegung der Taktik des Vorstands

■ Erstellung des Ablaufs und Zeitplans: Zuteilung einzelner Traktanden an Vorstandsmitglieder, Protokollführung, Wahl- und Abstimmungsprozedere, Gäste- und Medienbetreuung

4. Eine Woche und nochmals kurz vor der Versammlung:

■ Überprüfung der Teilnehmerzahl (bei Anmeldungen); Weiterleitung an die für die Einrichtung des Versammlungsraums und Verpflegung verantwortliche Person

■ Überprüfung der Saaleinrichtung: Bestuhlung, audiovisuelle und elektronische Hilfsmittel sowie Lautsprecheranlage

■ Letzte Absprachen mit allen für die diversen Aufgaben zuständigen Verantwortlichen

■ Falls notwendig: Anpassung des Ablaufplans

■ Zusammenstellung des Materials für Transport: Hilfsmittel, Unterlagen zu einzelnen Geschäften, Stimm- und Wahlzettel, Geschenke etc.

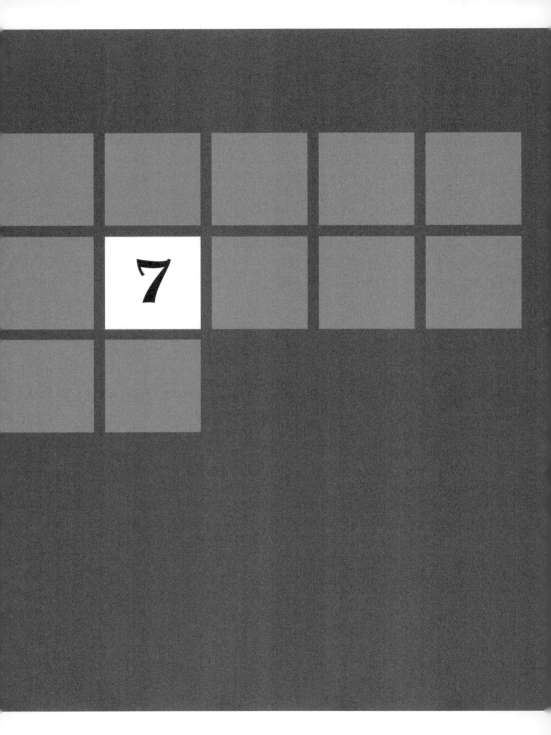

7

Mitgliederverwaltung

Technische Hilfsmittel zur effizienten Erledigung der Vereinsadministration und damit auch der Mitgliederverwaltung
sind wichtiger denn je – zumal die Vorstandsmitglieder in der
Regel ehrenamtlich arbeiten. Damit Sie bei den Anschaf-
fungen nicht übers Ziel hinausschiessen, sollten Sie die Anforderungen an die IT-Lösung genau definieren.

An der IT kommt kein Verein vorbei

Natürlich können Sie ganz bewusst – zum Beispiel zur Förderung des direkten Kontakts – jeden Einzahlungsschein für den Mitgliederbeitrag von Hand ausfüllen und persönlich übergeben. Umgekehrt haben Sie mehr Zeit für andere Aufgaben, wenn Sie diesen Prozess automatisieren.

Solange Ihr Verein nur eine Handvoll Mitglieder hat, können Sie etwa die Korrespondenz problemlos mit Ihrem privaten Computer und Drucker erledigen. Dasselbe gilt für die Adressverwaltung und die Buchhaltung. Bei grösseren Vereinen lohnt es sich hingegen schnell einmal, über die Anschaffung beziehungsweise die Unterstützung durch Informationstechnologie (IT) nachzudenken. Darunter fallen Lösungen zur Informations- und Datenverarbeitung – inklusive der dafür benötigten Hard- und Software.

Für folgende Bereiche in der Vereinsadministration könnte eine durchdachte IT-Lösung nützlich sein:

- Adressverwaltung
- Inkasso von Mitgliederbeiträgen und anderen Leistungen
- Buchhaltung
- Marketing und Kommunikation – etwa die Betreuung der vereinseigenen Internetseite oder der Versand von Newslettern
- Eventmanagement, also die Planung und Durchführung von Vereinsanlässen
- Fundraising und Sponsoring
- Unterstützung von weiteren (Kern-)Prozessen (Ausbildung, Spielbetrieb, Materialverwaltung etc.)

Erfahrungsgemäss schaffen sich grössere Vereine für diese Aufgaben einen Vereinscomputer plus Peripheriegeräte wie Drucker, Scanner oder eine externe Festplatte an – schon nur, damit die Daten bei einem Wechsel im Vorstand immer beim Verein bleiben. Nebst der Hardware brauchen solche Vereine aber auch die passende Software.

Software für Vereine

In den Medien werden regelmässig Fehlentscheide und -investitionen bezüglich IT-Lösungen in der Verwaltung und bei grossen Unternehmen publik. Doch auch Vereine sind vor solch kostspieligen Debakeln nicht gefeit. Denn erfahrungsgemäss beschaffen sie neue Hard- und Software oftmals ohne fundierte Abklärung ihrer Bedürfnisse. Vielmehr stützen sie sich bei ihren Entscheiden auf Recherchen im Internet oder in Fachzeitschriften, auf Empfehlungen anderer Vereine beziehungsweise von IT-Spezialisten oder auf direkte Produktewerbung der Lieferanten und Dienstleister. Stellt sich die gekaufte Software im Nachhinein als nicht den Bedürfnissen entsprechend heraus, kann dies auch einen Verein teuer zu stehen kommen.

CHECKLISTE: DIE PASSENDE ANWENDUNG FÜR IHREN VEREIN FINDEN

Wenn Sie bei der Evaluation folgende Punkte beachten, finden Sie bestimmt die Software, die Ihrem Verein am besten dient:

- **Nehmen Sie sich genügend Zeit.** Wenn Sie für die Evaluation der neuen Vereinssoftware nur ein bis zwei Wochen Zeit einplanen, ist das viel zu kurz. Rechnen Sie stattdessen besser mit einem bis zwei Monaten.
- **Holen Sie sich Know-how an Bord.** Suchen Sie in Ihrem Verein – falls Sie selbst keine IT-Expertin respektive kein Experte sind – nach Personen, die Spass bei und / oder Erfahrung in der Beschaffung von Softwarelösungen haben, zum Beispiel mittels Aufruf in der Vereinszeitung oder im Newsletter.
- **Stöbern Sie im Internet.** Nutzen Sie bewährte Suchmaschinen, um nach verschiedenen Softwarelösungen zu suchen.
- **Profitieren Sie von den Erfahrungen anderer.** Erkundigen Sie sich in Foren oder sozialen Netzwerken nach Empfehlungen für geeignete Vereinssoftware. Kontaktieren Sie auch andere Vereinsverantwortliche, die Sie kennen, um herauszufinden, welche Anwendungen sie einsetzen.
- **Denken Sie nicht nur an bezahlte Software** beziehungsweise an solche, die installiert werden muss: Im Internet werden unzählige Gratisanwendungen (sogenannte Freeware) angeboten. Zudem gibt es Anwendungen, die Sie zur Benützung gar nicht auf Ihrem Computer installieren müssen (Mietsoftware oder SaaS für Software-as-a-Service), sondern die unabhängig von Ihrer Hardware und Ihrem Betriebssystem auf dem Internetbrowser läuft und Ihnen somit insbesondere bei der Installation eine Menge Ärger ersparen kann.

Fazit: Bevor Sie sich für neue Software entscheiden, sollten Sie die Bedürfnisse und damit die Anforderungen (in der IT-Sprache oftmals als Requirements bezeichnet) klären, denen die Neuanschaffung gerecht werden muss. Wollen Sie mit der Software nur die Adressen verwalten, oder sollen damit auch die Beitragsverwaltung, die Finanzbuchhaltung, der Zahlungsverkehr und am besten gleich auch noch das Content-Management für die Vereinswebsite erledigt werden?

Wenn Sie das Anforderungsprofil für die neue Software erstellt haben, können Sie sich an die Evaluation machen. Die Checkliste (siehe Seite 137) zeigt Ihnen, was Sie dabei beachten sollten.

TIPP *Falls Ihr Verein in einen Dachverband eingebunden ist, sollten Sie sich bei Ihrer Evaluation unbedingt auch an diesen wenden. Es ist üblich und deshalb durchaus denkbar, dass eine verbandsweite Gesamtlösung existiert. Wenn das nicht der Fall ist, kann der Dachverband Ihren Verein aufgrund seiner Erfahrung immerhin bei der Evaluation unterstützen.*

Virenschutz und Datensicherung gehören zum Standard

Wenn Sie oder andere Vorstandsmitglieder mit dem Vereinscomputer das Internet oder fremde Datenträger (CD-Roms, USB-Sticks, Speicherkarten etc.) benützen, besteht latent die Gefahr der Infizierung durch Computerviren oder andere «Malware». Diese Dateien können Ihre Daten löschen oder zumindest beschädigen – oder sie spionieren den Computer aus. Es ist deshalb ein Muss, auf dem Vereinscomputer von Anfang an ein geeignetes Antivirenprogramm – am besten inklusive einer Firewall gegen bösartige Angriffe aus dem Internet – zu installieren. Noch wichtiger als die Installation ist, dass Sie das Programm respektive die Virendefinitionen ständig aktualisieren und den Computer regelmässig überprüfen lassen. Bei den meisten Programmen kann man die Zeitpunkte definieren, zu denen der Virenscan automatisch durchgeführt wird. Sorgen Sie im Übrigen dafür, dass die Benutzerinnen und Benutzer des Vereinscomputers keine unbekannten E-Mails – und insbesondere keine Attachments – öffnen.

HINWEIS *Sichern Sie die gespeicherten Daten: Lassen Sie durch ein entsprechendes Programm regelmässig sogenannte Back-ups erstellen. Am besten speichern Sie diese auf einem externen Datenspeicher (separate Harddisk, CD-Rom, USB-Stick etc.) ab. So gehen keine oder nur wenige Daten verloren, sollte der Computer gestohlen oder die Festplatte beschädigt oder sogar zerstört werden.*

Achtung, Datenschutz

Sind Sie in Ihrem Verein für administrative oder organisatorische Aufgaben verantwortlich, haben Sie zwangsläufig mit den Personendaten Ihrer Mitglieder zu tun. Mit diesen Daten können Sie aber nicht schalten und walten, wie Sie wollen.

Die Vereine unterstehen – wie kommerzielle Unternehmen in der Privatwirtschaft – dem Datenschutzgesetz (DSG). Das bedeutet: Jede Person, die für Ihren Verein Arbeiten erledigt und dabei mit Personendaten von Mitgliedern (Adressen, Geburtsdaten, Telefonnummern, Fotografien etc.) zu tun hat, muss sich an die Regeln des Datenschutzes halten. Das DSG statuiert folgende Grundsätze, die auch für Vereine relevant sind:

- **Transparenzprinzip:** Der Verein muss seine Mitglieder offen und umfassend über Zweck und Umfang der bearbeiteten Mitgliederdaten informieren. Insbesondere muss der Verein den Mitgliedern mitteilen, ob ihre Personendaten an Dritte weitergegeben werden und – sofern dies der Fall ist – an wen und zu welchem Zweck.
- **Verhältnismässigkeitsprinzip:** Vereine dürfen nur die Mitgliederdaten bearbeiten, die tatsächlich nötig sind, um den angestrebten Zweck zu erreichen.
- **Zweckbindungsprinzip:** Ein Verein darf die Mitgliederdaten nur zu dem Zweck bearbeiten, der bei der Beschaffung angegeben wurde, der aus den Umständen ersichtlich oder gesetzlich vorgesehen ist. Ein Vorstandsmitglied darf die Mitgliederdaten beispielsweise nicht zu Marketingzwecken für seine eigene Firma verwenden.

Welche Daten dürfen Vereine von ihren Mitgliedern aufnehmen?

Der Grundsatz der Verhältnismässigkeit gilt auch bei der Beschaffung von Mitgliederdaten. Dementsprechend hat der Verein kein Recht, möglichst viele Personendaten von seinen Mitgliedern zu sammeln. Vielmehr darf der Vereinsvorstand nur die Personendaten von einem Mitglied verlangen, die in einem direkten Zusammenhang mit dem Vereinszweck stehen. Dazu gehören bei den meisten Vereinen:

- Name
- Wohnadresse
- Telefonnummern
- E-Mail
- Geburtsdatum

Je nach Vereinszweck ist der Verein möglicherweise auf weitere Daten angewiesen – zum Beispiel:

- Beruf
- Zivilstand
- Anzahl Kinder
- Foto

Wann dürfen Mitgliederdaten weitergegeben werden?

Bei dieser Frage ist zwischen der Bekanntgabe an Dritte und derjenigen innerhalb des Vereins zu unterscheiden. Logischerweise ist die Weitergabe von Mitgliederdaten – vor allem von einzelnen Adressen oder gleich des ganzen Mitgliederverzeichnisses – an Dritte heikler. Sie ist deshalb nur unter einer der folgenden Voraussetzungen zulässig:

- Der Verein holt vorgängig die Einwilligung eines jeden Mitglieds ein oder gibt allen Mitgliedern unter vorgängiger Mitteilung des Empfängers und des Zwecks der Bekanntgabe ein Widerspruchsrecht.
- Die Vereinsstatuten regeln klar, welche Mitgliederdaten Dritten zu welchem Zweck (zum Beispiel Werbung oder Sponsoring) bekannt gegeben werden dürfen – und der Verein bezeichnet den Empfänger der Daten ganz genau.

■ Ein Gesetz erlaubt die Datenbearbeitung oder schreibt diese sogar vor – etwa die Bekanntgabe in einem Strafverfahren.

HINWEIS *Beachten Sie, dass auch der Dachverband in diesem Zusammenhang als Drittperson gilt. Wichtig ist zudem, dass jedes Mitglied die einmal gegebene Einwilligung ganz oder teilweise widerrufen kann.*

Haben Vereinsmitglieder ein Recht auf die Mitgliederliste?

Um ihre Mitgliedschaftsrechte wahrnehmen zu können, sind die Mitglieder Ihres Vereins möglicherweise auf eine Mitgliederliste angewiesen; zum Beispiel, wenn ein Mitglied eine ausserordentliche GV einberufen will. Dementsprechend dürfen beziehungsweise müssen Sie diese wie auch andere Personendaten unter einer der folgenden Voraussetzungen intern bekannt geben:

■ Sie haben vorgängig die Einwilligung eines jeden Mitglieds dazu eingeholt oder allen Mitgliedern unter vorgängiger Mitteilung des Empfängers und des Zwecks der Bekanntgabe ein Widerspruchsrecht eingeräumt.

■ Aus den Vereinsstatuten geht klar hervor, in welchen Fällen eine Bekanntgabe erfolgt – beispielsweise die Aushändigung von Listen mit Vornamen, Namen und Adressen.

■ Die Liste wird zur Ausübung von Mitgliedschaftsrechten benötigt – insbesondere zur Einberufung einer ausserordentlichen Mitgliederversammlung (siehe dazu Seite 190).

Möchte der Verein Mitgliederdaten wie Adressen und Telefonnummern generell, aber in einem geschützten Bereich – zum Beispiel auf seiner Internetseite – zur Verfügung stellen, wird er nicht darum herumkommen, von jeder Person respektive – bei Kindern – deren gesetzlichen Vertretung das entsprechende ausdrückliche Einverständnis einzuholen. Zudem muss er technische Massnahmen treffen, damit diese Daten nicht von Unberechtigten eingesehen oder sogar kopiert werden können.

Mitgliederdaten auf der vereinseigenen Internetseite

Das Internet ist ein weltweit zugängliches Medium: Was dort einmal veröffentlicht ist, kann kaum mehr gelöscht werden. Deswegen ist die Frage, ob ihre Daten auf der Internetseite des Vereins zugänglich sind, für die Mitglieder von besonderer Tragweite. Für den Vorstand bedeutet dies, dass er sich gut überlegen sollte, ob der Zweck, den er mit der Veröffentlichung im Internet verfolgt, nicht auch auf eine andere – weniger einschneidende – Weise erreicht werden kann.

So oder so: Hält der Vorstand an einer allgemeinen Veröffentlichung von Mitgliederdaten im Internet fest, muss das betroffene Vereinsmitglied zumindest über die zu publizierenden Personendaten und die damit verbundenen Risiken informiert werden. Eine Vorlage für eine «Aufklärung über die Risiken einer Veröffentlichung im Internet» ist beim Eidgenössischen Datenschutzbeauftragten (EDÖB) erhältlich (Adresse und Links siehe Anhang).

Was ist bei Fotos zu beachten?

Das Bedürfnis ist klar: Jeder Verein möchte über seine Aktivitäten – ein durchgeführtes Turnier, ein Konzert – sofort im Internet oder in den Social Media berichten und diesen Bericht mit entsprechenden Fotos bebildern. Allerdings: Jede Person hat das Recht am eigenen Bild. Das heisst: Wollen Sie eine Person derart prominent fotografieren, dass sie auf dem Foto klar erkennbar ist, müssen Sie sie zuerst um Erlaubnis fragen. Dasselbe gilt für spätere Veröffentlichungen solcher Bilder – etwa in der Vereinszeitschrift, auf der Internetseite oder über Social Media (Facebook, Flickr, Google+, Instagram). Wichtig: Das Recht am eigenen Bild ist – juristisch betrachtet – ein relativ höchstpersönliches Recht. Nur wer urteilsfähig ist, kann autonom darüber entscheiden. Bei (Klein-)Kindern sollten Sie für die Zustimmung deshalb immer an die gesetzliche Vertretung – meist die Eltern – gelangen.

GUT ZU WISSEN *Gemäss Datenschutzgesetz (DSG) ist jede Person – beziehungsweise ihre Rechtsvertretung – berechtigt, beim Inhaber oder bei der Inhaberin einer Datensammlung Auskunft darüber zu verlangen, ob und welche persönlichen Daten über ihn* *oder sie bearbeitet werden. Einzelheiten zum Auskunftsrecht finden sich im «Leitfaden des Eidgenössischen Datenschutzbeauftragten über die Rechte der betroffenen Personen».*

Rechtsansprüche und Verfahren

Verstösst der Verein bei der Bearbeitung von Mitgliederdaten gegen den Datenschutz, so liegt eine Persönlichkeitsverletzung vor. In diesem Fall kann das betroffene Mitglied zuerst beim Vorstand eine sofortige Korrektur verlangen. Unternimmt der Vorstand nichts oder verweigert er eine rechtmässige Datenbearbeitung, so kann sich das Mitglied gestützt auf Artikel 15 DSG an das zuständige Zivilgericht wenden. Es kann dabei insbesondere verlangen, dass die Personendaten berichtigt oder vernichtet werden oder dass die Bekanntgabe an Dritte gesperrt wird.

HINWEIS *Weitere Informationen zum Datenschutz finden Sie unter www.edoeb.admin.ch. Sie können sich auch direkt an den Eidgenössischen Datenschutzbeauftragten wenden (Adresse im Anhang).*

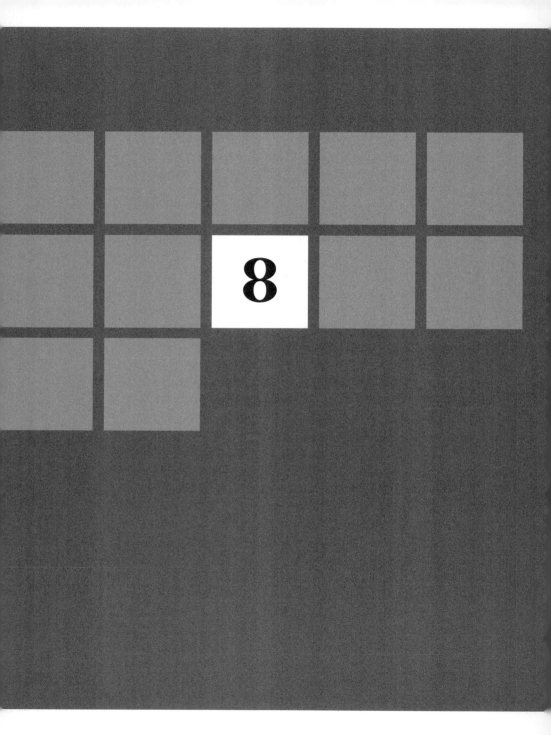

8

Kommunikation

Die Kommunikation bildet eine der wichtigsten Grundlagen
für das Gedeihen des Vereinslebens. Ohne eine sinnvolle und durchdachte Kommunikation nach innen und aussen kann ein Verein
seine Ziele kaum oder nur schlecht erreichen. Wie Sie die Kommunikation im und für Ihren Verein konzeptionell angehen, welche
Anwendungsbereiche und Instrumente wichtig sind, erfahren Sie
im folgenden Kapitel.

Grundsätze der Kommunikation

Der Verein als juristisches Gebilde lebt und kommuniziert primär durch seine Mitglieder. Damit diese Kommunikation in geordneten Bahnen verläuft, gibt es ein paar Grundsätze zu beachten.

Was ist Kommunikation? Wenn Sie dazu in Ihrem Verein eine Umfrage machen würden, dann bekämen Sie wohl von jedem Einzelnen eine andere Antwort: die Debatte an der Vereinsversammlung; die Internetseite; die Werbung in der Lokalzeitung. Und alle hätten sie recht: Die Kommunikation eines Vereins umfasst sämtliche Kommunikationsprozesse zwischen dem Verein und seinen internen und externen Zielgruppen.

Warum ist das so wichtig? In der Praxis zeigt sich immer wieder, dass Unternehmen oder Organisationen die Kommunikation nicht als ganzheitliche Disziplin betrachten, sondern nur einzelnen Aspekten, die sie gerade wichtig finden, ihre Aufmerksamkeit schenken. Das kann im Ergebnis zu Widersprüchen oder zumindest zu Streuverlusten führen. Wer sich im Verein mit der Kommunikation befasst, sollte folgende drei Grundsätze beachten:

- Man kann nicht nicht kommunizieren: Das erste von fünf Axiomen des österreichischen Kommunikationsforschers Paul Watzlawick gehört zu den wichtigsten Grundsätzen in der Kommunikation. Watzlawick wollte damit zum Ausdruck bringen, dass Menschen durch ihr Verhalten immer kommunizieren – auch wenn sie nichts sagen. Gerade im Vereinsleben ist es wichtig, dass man offene Fragen oder Probleme anspricht und nicht zuwartet, bis es zum Konflikt kommt (mehr dazu auf Seite 174).
- Der Absender einer Botschaft ist verantwortlich dafür, wie der Empfänger sie versteht. «Du hast mich falsch verstanden» – dieser Einwand tritt gerade bei Meinungsverschiedenheiten immer wieder auf. Das sollten Sie als Mitglied des Vereinsvorstands möglichst verhindern. Versetzen Sie sich deshalb vor der Mitteilung von heiklen Informationen immer in die Situation der Mitglieder – mit all ihren Ängsten, Sorgen und Fragen.
- Eine durchdachte Kommunikation fängt nicht mit einzelnen Massnahmen an: Kleinere Unternehmen und Organisationen, die sich keine

Kommunikationsabteilung leisten wollen oder können, kommunizieren oft nur punktuell – und teilweise auch sehr zufällig. Man schaltet einmal ein Inserat in der Zeitung, leistet sich Bandenwerbung oder unterstützt einen Anlass als Sponsor oder Partner. Die Erfahrung zeigt, dass solche Massnahmen selten den erwünschten Erfolg bringen – falls dieser überhaupt messbar ist –, wenn sie nicht auf der Basis eines durchdachten Konzepts getroffen werden. Wie Sie für Ihren Verein mit einfachen Mitteln ein solches Konzept erstellen, erfahren Sie im Kapitel «Konzeption der Vereinskommunikation» (Seite 152).

Gesprächskultur

Ein Verein ist ein Gemeinschaftsunternehmen, wo Menschen aus unterschiedlichen Berufen und Gesellschaftsschichten zusammenfinden. Jedes Vereinsmitglied bringt eigene Erfahrungen mit, hat einen anderen Bildungshintergrund. Trotz ihrer Verschiedenartigkeit treiben diese Menschen im selben Club Sport, engagieren sich im selben Verein für ein Umweltschutzprojekt oder gehen gemeinsam dem gleichen Hobby nach. In Sitzungen und Versammlungen bestimmen sie miteinander über die Vereinsgeschäfte. Dabei wird oft heftig diskutiert und auch gestritten. Nicht immer gelingt die Verständigung. Es gibt viele Theorien darüber, was abläuft, wenn wir miteinander sprechen. Wer sich vertieft mit diesem Thema auseinandersetzen möchte, dem sei die Lektüre des Buches «Miteinander reden» von Schulz von Thun empfohlen (siehe Anhang). Im Folgenden finden Sie Tipps und Hinweise, wie Sie die Kommunikation in Ihrem Vereinsleben in fruchtbare Bahnen lenken können.

Aktiv zuhören

Ein wirkungsvolles Vorgehen, um Missverständnisse gar nicht erst entstehen zu lassen, ist das aktive Zuhören. Damit tragen Sie dazu bei, dass Sie nicht nur verstehen, was gesagt wurde, sondern auch, was gemeint war. Sie versuchen, sich in Ihre Gesprächspartner oder Gesprächspartnerinnen

---

BUCHTIPPS

Die drei Ratgeber von Patrick Rohr befassen sich mit diversen Aspekten der Kommunikation, die im Rahmen der Vereinstätigkeit von Interesse sind (alle erschienen in der Beobachter-Edition):

- **Reden wie ein Profi. Selbstsicher auftreten – im Beruf, privat, in der Öffentlichkeit**
- **So meistern Sie jedes Gespräch. Mutig und souverän argumentieren – im Beruf und privat**
- **Erfolgreich präsent in den Medien. Clever kommunizieren als Unternehmen, Verein, Behörde**

www.beobachter.ch/buchshop

---

hineinzuversetzen, ihnen Ihre volle Aufmerksamkeit zu schenken, Blickkontakt zu halten und auf Zwischentöne, Körpersprache und Gefühle zu achten. Sie unterbrechen nicht und widersprechen nicht sofort. Durch zustimmendes Nicken signalisieren Sie Ihre Aufmerksamkeit. Ab und zu, vor allem aber bei Unsicherheiten, geben Sie zusammenfassend wieder, was Sie verstanden haben (sogenanntes Spiegeln). Mit dieser Technik und mit gezielten Rückfragen klären Sie, ob das Gesagte so bei Ihnen angekommen ist, wie es gemeint war. Ein solches Verhalten wirkt sich positiv auf den Gesprächsverlauf aus, weil sich das Gegenüber respektiert fühlt.

So leiten Sie Diskussionen

Diskussionen finden in jedem Verein statt: bei einem umstrittenen Traktandum an der Hauptversammlung, beim Podiumsgespräch zu einem aktuellen Thema, nach einem Referat oder bei der Planung eines Vereinsanlasses in der Projektgruppe. Beachten Sie folgende Punkte:

- Je nach Publikum begrüssen Sie zuerst und stellen die Beteiligten vor.
- Führen Sie kurz ins Diskussionsthema ein; geben Sie die Zielsetzung und den Zeitrahmen bekannt.
- Nennen Sie die Spielregeln – etwa wie Wortmeldungen zu erfolgen haben, die Begrenzung der Redezeit, wann und wie Gegen- oder Verständnisfragen gestellt werden können.
- Sorgen Sie dafür, dass diese Spielregeln eingehalten werden.
- Lassen Sie alle zu Wort kommen und bevorzugen Sie niemanden.
- Überprüfen Sie während der Sitzung immer wieder den Zeitplan.
- Bündeln Sie die Redebeiträge zu einem bestimmten Aspekt.
- Führen Sie nach Abweichungen wieder zum Thema zurück.
- Rufen Sie wesentliche Diskussionspunkte in Erinnerung.
- Halten Sie Zwischenergebnisse fest.
- Erwähnen Sie schon vorgängig mögliche Angriffspunkte, um sie zu entschärfen.
- Reagieren Sie besonnen auf aggressive und provokative Äusserungen und lassen Sie nur über sachbezogene Beiträge weiterdiskutieren.
- Am Schluss fassen Sie die Ergebnisse zusammen, zeigen auf, wo Übereinstimmung herrscht und weisen auf unterschiedliche Auffassungen sowie offen gebliebene Fragen hin.
- Gehört die Diskussion zu einem Antrag, über den abgestimmt werden muss, so legen Sie das Abstimmungsverfahren dar (siehe Seite 118).

So nehmen Sie erfolgreich an der Diskussion teil

Wollen Sie sich aktiv an einer Diskussion beteiligen, hat Ihr Beitrag mehr Gewicht, wenn er prägnant formuliert, freundlich und selbstbewusst vorgetragen und nicht zu lang ist.

Wenn Sie folgende Ratschläge beachten, haben Sie mit Ihren Voten Erfolg:

- Fallen Sie anderen nicht ins Wort, lassen Sie sich aber auch nicht unterbrechen.
- Bringen Sie Ihre Beiträge in der Ichform.
- Kleben Sie nicht an Ihren Unterlagen.
- Weichen Sie nicht vom Thema ab.
- Stellen Sie keine Suggestivfragen.
- Lassen Sie keine Behauptungen oder Unterstellungen im Raum stehen.
- Antworten Sie nicht mit Killerphrasen (siehe unten).
- Zeigen Sie Verständnis für den Gegner oder die Gegnerin, aber nicht Einverständnis.
- Greifen Sie die Sache an, nicht die Person.
- Suchen Sie Übereinstimmungen.

So reagieren Sie richtig auf Killerphrasen

Killerphrasen kommen häufig vor in Diskussionen – es sind abwertende und pauschale Angriffe, die die Auseinandersetzung zum Erliegen bringen können oder in einen offenen Streit ausarten lassen. Killerphrasen sind Scheinargumente, die verwendet werden, wenn Sachargumente fehlen. Damit werden Vorstellungen und Ideen lächerlich gemacht und Personen verunsichert, blossgestellt oder mundtot gemacht. Hier eine Liste mit Beispielen von Killerphrasen:

- Das war immer so.
- Das haben wir schon alles versucht – ohne Erfolg.
- Das haben wir schon vor Jahren entschieden.
- Das widerspricht unseren Prinzipien.
- Das ist alles graue Theorie, in der Praxis sieht das ganz anders aus.
- Das ist juristisch nicht machbar.
- Das kauft Ihnen niemand ab.
- Sie stellen sich das zu einfach vor.
- An Ihrer Stelle würde ich das auch behaupten.
- Dafür gibt es Fachleute.

Lassen Sie sich durch Killerphrasen nicht in die Defensive drängen, sondern reagieren Sie angemessen darauf. Antworten Sie kurz und sachlich und führen Sie so wieder zum Thema zurück, oder bitten Sie um eine Präzisierung: «Was meinen Sie / meinst du mit…?» Solche Reaktionen haben den Vorteil, dass das Gegenüber nicht verletzt wird, denn vielleicht war die Äusserung auch einfach gedankenlos und nicht als Killerphrase gemeint.

Präsentationen und Reden halten

Als Vereinspräsidentin, Funktionär oder Vorstandsmitglied werden Sie wahrscheinlich Präsentationen oder Reden halten müssen – etwa bei einem Jubiläum oder wenn Sie Ihren Verein an einer Veranstaltung vorstellen. Der Erfolg Ihres Auftritts hängt von der Vorbereitung ab: Überlegen Sie sich zuerst, zu wem Sie sprechen werden. Sitzen im Publikum Menschen, die schon ein breites Wissen über das Thema der Ansprache haben, oder müssen Sie Grundwissen vermitteln? Auch das Ziel der Rede sollte Ihnen klar sein, bevor Sie mit dem Sammeln des Stoffes beginnen. Halten Sie sich an eigene Erfahrungen, suchen Sie in Fachzeitschriften, in der Literatur, im Internet, im Gespräch mit Vereinsmitgliedern und im Freundeskreis nach Informationen und Impulsen und halten Sie diese in Notizen fest.

Nach der Suchphase planen Sie den Aufbau der Ansprache. Das Wichtigste an einer guten Rede sind der Anfang und das Ende. Suchen Sie deshalb einen packenden Einstieg: eine gewagte Behauptung, ein persönliches Erlebnis, ein treffendes Zitat oder eine provokative Frage. Auf die üblichen Begrüssungsfloskeln dürfen Sie ruhig verzichten – Sie können diese nachher immer noch einflechten. Für einen überzeugenden Schluss eignet sich beispielsweise ein Appell, ein Aufruf oder ein markantes Zitat, das das Thema der Ansprache auf den Punkt bringt.

Manuskript – ja oder nein?
Natürlich können Sie Ihre Rede wortwörtlich aufschreiben und dann vorlesen – damit werden Sie das Publikum aber womöglich nicht besonders fesseln. Erfahrungsgemäss besteht beim Vorlesen das Risiko, dass man zu schnell und / oder zu monoton spricht. Entscheiden Sie sich trotzdem für diese Form, schreiben Sie Ihr Manuskript in möglichst grosser Schrift, mit breitem Zeilenabstand und schmalen Spalten. Verwenden Sie kurze, prä-

gnante Sätze und lassen Sie Worthülsen weg. Mühsam wird das Zuhören, wenn die Rede in Hochdeutsch abgefasst und dann in Mundart gehalten wird. Schreiben Sie Ihr Manuskript in diesem Fall in Mundart – falls Sie im Ablesen bereits Übung haben –, oder in einem Deutsch, das sich in Satzbau und Wortwahl stark am Dialekt orientiert.

> **TIPP** *Bedrucken Sie die Blätter nur auf einer Seite, nummerieren Sie sie. Noch besser ist es, wenn Sie Blätter im Format A5 quer benutzen. Heften Sie Ihre Manuskriptblätter nicht zusammen. Markieren Sie Wichtiges mit Leuchtstift und lernen Sie mindestens Anfangs- und Schlusssatz auswendig.*

Empfehlenswerter als ein ausformuliertes Manuskript sind postkartengrosse Stichwortkarten. Notieren Sie sich die Hauptgedanken – nur einen bis zwei Gedanken in fünf bis sechs Stichwörtern auf einer Karte. Auch die Hinweise auf Präsentationshilfen (Powerpoint-Präsentation, Hellraumfolien, Flipchart, Schaubilder etc.) gehören auf diese Kärtchen. Nummerieren Sie diese nach dem Aufbauplan Ihrer Rede und schreiben Sie den Anfangs- und Schlusssatz ganz auf. Proben Sie zu Hause vor dem Spiegel oder vor Angehörigen und formulieren Sie frei anhand der Stichworte. Überprüfen Sie dabei insbesondere die Redezeit.

> **TIPP** *Damit Sie flexibel auf die Bedingungen des Anlasses reagieren können, markieren Sie die Karten, die im Notfall übersprungen werden könnten.*

Erfolgsfaktoren eines guten Auftritts

Für den Auftritt selber gilt es noch eine Reihe weiterer Dinge zu beachten:
- Wählen Sie eine Kleidung, die zum Anlass passt und in der Sie sich sicher, wohl und attraktiv fühlen – dies stärkt Ihr Selbstbewusstsein.
- Überprüfen Sie schon vorher, ob alles wie gewünscht vorbereitet ist: Podest, Mikrofonhöhe, Wasserglas, Beleuchtung, Bedienung der technischen Hilfsmittel.
- Warten Sie mit Sprechen, bis es ruhig ist im Saal, und reden Sie nur, wenn alle zuhören.

- Suchen Sie Blickkontakt zum Publikum, bevor Sie zu sprechen beginnen, und auch immer wieder während der Ansprache. Lassen Sie Ihren Blick ruhig über die Reihen wandern und schauen Sie nicht immer nur in dieselbe Richtung.
- Richten Sie die Sprechgeschwindigkeit und Lautstärke nach der Raumgrösse, der Akustik und dem Publikum aus.
- Variieren Sie mit der Lautstärke, machen Sie Sprechpausen – das erhöht die Aufmerksamkeit.
- Wurde von Ihrer Vorrednerin oder Ihrem Vorredner ein Aspekt Ihrer Ansprache schon erläutert, so weisen Sie darauf hin und lassen diese Passage weg. Das Publikum wird Ihnen dankbar sein.
- Verlassen Sie nach dem letzten Wort nicht sofort das Podium, machen Sie eine Pause und verabschieden Sie sich mit einem Lächeln und einem einfachen «Danke».

Konzeption der Vereinskommunikation

Würden Sie ein Haus bauen, ohne vorher von einem Architekten Pläne erstellen zu lassen? Natürlich nicht. Aus den gleichen Gründen sollten Sie in und mit Ihrem Verein auch nicht ohne Konzept kommunizieren.

Ein Kommunikationskonzept hilft Ihnen auf theoretischer Basis, eine Strategie zu entwickeln, damit Sie Ihre Vereinsziele mittels Kommunikationsmassnahmen optimal verfolgen können. Eine solche Konzeption nimmt zwar zu Beginn etwas Denk- und Schreibarbeit in Anspruch. Sie ermöglicht es Ihnen aber, umso schneller zu reagieren, wenn es einmal brennen sollte. Und wenn Sie das einmal erstellte Konzept in regelmässigen Abständen überprüfen, unterlaufen Ihrem Verein in Sachen Kommunikation kaum mehr Fehler. Ein Kommunikationskonzept besteht zusammengefasst aus drei Teilen:

- Analyse (Ist-Situation, Probleme)
- Strategie (Zielsetzungen, Zielgruppen, Botschaften, Kommunikationsstrategie)
- Massnahmenkatalog (konkrete Massnahmen, Instrumente, Budget, Organisation, Controlling)

DER VEREIN «FUSSBALLFREUNDE SCHWEIZ» (nachfolgend VFS) hat sich zum Ziel gesetzt, das Angebot traditioneller aktiver Fussballvereine zu ergänzen und seinen Mitgliedern wie eine private Fussballschule professionelles Wissen für eine erfolgreiche Leistungsentwicklung anzubieten. Darüber hinaus ist es dem Verein ein Anliegen, über die Erfahrungen im Rahmen des Fussballsports zur Persönlichkeitsentwicklung der Mitglieder beizutragen. Als Haupttätigkeit führt der Verein auf allen Alters- und Leistungsstufen (Breiten- und Spitzensport) spezifische Trainingseinheiten durch – nach dem Motto «Fussball für alle». Hingegen verzichtet der Verein auf die Teilnahme an Meisterschaften und Turnieren. Mit seinem Konzept scheint der Initiant und Präsident des VFS den Zeitgeist getroffen zu haben; bereits wenige Jahre nach der Vereinsgründung kann er sich vor Anmeldungen kaum mehr retten. Nachdem er sich bisher fast im Alleingang um die Anliegen des Vereins und seiner mittlerweile über 300 Mitglieder gekümmert hat, erhält er an der GV grünes Licht für sein Vorhaben, den Vorstand um je ein Vorstandsmitglied für die Organisation der Trainings und für die Kommunikation aufzustocken. Um sich einen Überblick über die Situation und die Grundlage künftiger Aktivitäten zu schaffen, nimmt der neue Kommunikationsverantwortliche als ersten Schritt ein Kommunikationskonzept in Angriff.

Situationsanalyse

Im Analyseteil der Konzeption geht es darum, die Ist-Situation eines Unternehmens oder einer Organisation festzuhalten. Er bildet damit die Grundlage für die zu entwickelnde Kommunikationsstrategie. Die Situationsanalyse beginnt mit der Formulierung der Problemstellung. Dabei kann es sich um offensichtlich akute Probleme (etwa einen Liquiditätsengpass oder die Straffälligkeit eines Vorstandsmitglieds) oder um – vermeintlich – harmlose Probleme (zum Beispiel die stetige Abnahme der Mitgliederzahl) handeln. Konkret geht es um die Beantwortung folgender Fragen:

- Wo steht der Verein zurzeit?
- Für welche Werte steht der Verein? Wie ist er positioniert?
- Welchen Problemen ist er ausgesetzt?
- Welche Bezugs-/Zielgruppen hat der Verein?
- Welche Faktoren im Umfeld des Vereins (Gesellschaft, Politik, Konkurrenz etc.) sind relevant?

NACHDEM DER NEUE KOMMUNIKATIONSVERANTWORT-LICHE des Vereins «Fussballfreunde Schweiz» (VFS) und die übrigen Vorstandsmitglieder sowie die Trainer extern zu einer Klausurtagung zusammengefunden haben, kann er die Ausgangslage für die Konzeption wie folgt zusammenfassen:

- Das Angebot des VFS stösst auf eine grosse Nachfrage, weil es eine echte Alternative zur Ausrichtung etablierter Fussballclubs bietet (Verzicht auf die Teilnahme an Meisterschaften und Turnieren).
- Wichtigster Kernwert des VFS sind die hochwertigen Trainings durch diplomierte Fussballtrainer – verbunden mit einem hohen Spassfaktor.
- Hauptproblem ist zurzeit die Bewältigung der – an sich erfreulichen – hohen Nachfrage: Anstellung neuer Trainer, Miete zusätzlicher Trainingshallen, Organisation des Trainingsplans, interne Kommunikation (Informationsvermittlung betreffend Aktivitäten, Absagen etc.).
- Wichtigste Zielgruppen sind im Moment die bestehenden und die potenziellen Mitglieder des VFS sowie – im Fall von minderjährigen Kindern – deren Eltern, die Trainer, die (Schul-)Behörden, andere Sportvereine sowie die wenigen Sponsoren.
- Der VFS liegt mit seinem Angebot gesellschaftlich und politisch voll im Trend. Leider nützt ihm das momentan wenig, da die Verfügbarkeit von geeigneter Infrastruktur (Turnhallen) gering ist – vor allem wegen der etablierten Sportvereine, die diese praktisch vollständig belegen.

Beliebtes Instrument: die SWOT-Analyse

Die SWOT-Analyse dient der Veranschaulichung beziehungsweise der Zusammenfassung der Ist-Situation. Sie umfasst die Stärken (Strengths: Wo sind wir besser als der Durchschnitt?) und Schwächen (Weaknesses: Wo sind wir schlechter?) der Organisation sowie die Chancen (Opportunities: Was könnte uns stärker machen?) und Gefahren (Threats: Welche Risiken könnten uns drohen?), die sich aus deren Umfeld ergeben.

AUCH DER KOMMUNIKATIONSVERANTWORTLICHE des Vereins «Fussballfreunde Schweiz» (VFS) schliesst seine Situationsanalyse mit dem SWOT-Modell ab. Es sieht folgendermassen aus:

Stärken	Schwächen
■ Qualität des Angebots (diplomierte Trainer) ■ Einfaches Konzept (nur Trainings, keine Meisterschaft) ■ Netzwerk und langjährige Erfahrung im Fussballgeschäft ■ Freundschaftlicher Umgang und Hilfsbereitschaft im Verein ■ Fussballbegeisterung	■ Organisation (One-Man-Show des Präsidenten) ■ Knappe Personalressourcen (zu wenig diplomierte Trainer) ■ Abhängigkeit von fremder Infrastruktur (Turnhallen) ■ Kein Kommunikations- und Marketingkonzept ■ Kommunikation nur mittels Handzettel oder per Telefon ■ Magere und statische Internetseite ■ Fehlende Bekanntheit des VFS (nur Mundzu-Mund-Propaganda) ■ Kaum Sponsoren (Mitgliederbeiträge als Haupteinnahmen)
Chancen	**Risiken**
■ Fussball als nach wie vor beliebteste Sportart ■ Hohe Nachfrage nach Alternativangeboten ■ Ausbaumöglichkeiten – inhaltlich und geografisch ■ (Jugend-)Sportförderung als wichtiges politisches Thema ■ Vereinstätigkeit als attraktive Plattform für Sponsoring	■ Wenig Einfluss auf die Behörde, die über die Vergabe der Infrastruktur bestimmt ■ Wettbewerb mit anderen Vereinen wegen Infrastruktur ■ Konkurrenz durch neue Angebote anderer Vereine ■ Organisations- und Regelungsbedarf bei Wachstum

Aus der SWOT-Analyse ergibt sich folgendes Fazit:

- Der VFS setzt zur Unterstützung seiner Organisation kaum geeignete Kommunikationsmittel ein.
- Der VFS ist betreffend die Benützung von Infrastruktur von den Schul- und Sportbehörden abhängig.
- Der VFS verfügt über zu wenige Sponsoren, die ihn für Trainerausbildung, Hallenmiete und Material finanziell unterstützen könnten.
- Der VFS ist generell in der breiten Öffentlichkeit zu wenig bekannt, was sich bei der Verfolgung seiner langfristigen Ziele – etwa eine Expansion – als Nachteil erweisen könnte.

Kommunikationsstrategie

Die strategischen Überlegungen basieren auf den Ergebnissen der Analyse und bestimmen das konkrete Vorgehen hinsichtlich der zukünftigen Kommunikation. Gehen Sie bei der Entwicklung der Kommunikationsstrategie in folgenden Etappen vor:

- Zielsetzung: Welche Hauptziele sollen erreicht werden? Formulieren Sie sie so, dass sie realisierbar, konkret, konsistent und messbar sind.
- Zielgruppen: Mit welchen Gruppen soll / muss kommuniziert werden, damit die angestrebten Ziele erreicht werden können?
- Positionierung: Mit welchen Werten, Kompetenzen und (Kunden-)Nutzen, aber auch in welchem Ton und mit welchen Bildern will man sich gegenüber den relevanten Zielgruppen präsentieren?
- Kernbotschaft: Welche Information bringt das Vorhaben den Zielgruppen gegenüber auf den Punkt?
- Strategisches Vorgehen: Auf welche Weise sollen die definierten Informationen ganz konkret zu den Zielgruppen transportiert werden?

FÜR DEN KOMMUNIKATIONSVERANTWORTLICHEN des Vereins «Fussballfreunde Schweiz» (VFS) ist klar, dass sich die organisatorischen Probleme mit Kommunikationsmassnahmen alleine nicht lösen lassen. Eine durchdachte interne Kommunikation kann die (neue) Organisation aber unterstützen. Nach aussen muss der VFS mehr auf sich aufmerksam machen. Dementsprechend hält der Kommunikationsverantwortliche zur Strategie Folgendes fest:

■ Zielsetzung: Erstes Ziel ist die Schaffung einer optimalen internen Kommunikation für die Vereinsorganisation. Zweitens soll sich der VFS eindeutiger und nachhaltig von den traditionellen Sportvereinen abgrenzen – und zwar als einzigartiger Verein, der Freude am Fussball, Talentförderung und Persönlichkeitsentwicklung verbindet.

■ Zu den relevanten Zielgruppen erstellt der Kommunikationsverantwortliche folgende Übersicht:

Zielgruppe	Bedürfnisse	Merkmale
Primärzielgruppen		
■ Mitglieder	■ Lernen, Fussball spielen, Freunde treffen	■ Multikulturell, mehrsprachig
■ Eltern	■ Informationen, Talentförderung, Austausch	■ wie oben
■ Vereinsvorstand	■ Organisation der Aufgaben	■ Engagiert, berufstätig
■ Trainer	■ Ausbildung, Informationen (Trainings etc.)	■ wie oben
■ Schul- und Sportbehörden	■ Auslastung, Sicherheit	■ Formalitäten und Auflagen
■ Sponsoren	■ Unterstützung der eigenen Marketingziele	■ Eigene Marketingpläne
Sekundärzielgruppen		
■ Neumitglieder	■ Alternative zu traditionellen Fussballclubs	■ Zurückhaltung gegenüber Unbekanntem
■ Andere Vereine	■ Erreichung eigener Ziele, Infrastruktur	■ Teilweise Infrastruktur auf Vorrat
■ Öffentlichkeit (primär Eltern)	■ Infos und Erfahrungsberichte über Entwicklungs- und Erziehungsthemen	■ Gut vernetzt (etwa über soziale Medien)
Mediatoren		
■ Medien	■ Gesellschaftsrelevante Geschichten, Bilder	■ Lokal oder fachlich ausgerichtet

- Positionierung: Der VFS rückt in der Kommunikation die hohe Qualität seiner Trainings in den Vordergrund. Er betont aber, dass es ihm nicht nur um die Leistungsentwicklung, sondern auch um die Freude am Fussball und die persönliche Entwicklung seiner Mitglieder geht. Der VFS bietet quasi die Plattform, damit die Mitglieder über den Fussball zusammen Lebenserfahrungen sammeln können.
- Kernbotschaft: «Fussballfreunde Schweiz – Freude und Erfahrungen fürs Leben»
- Strategie: Für die interne Kommunikation sind die erforderlichen Kanäle zu schaffen. Die externe Kommunikation soll in einem ersten Schritt über die bestehende Internetseite sowie einen neu zu kreierenden Newsletter und eine Vereinspublikation erfolgen. Letztere soll nicht nur von den Vereinsverantwortlichen, sondern primär von den Mitgliedern beziehungsweise deren Eltern getragen werden, welche darin über Themen ausserhalb des Fussballs berichten.

Massnahmenkatalog

Der Massnahmenteil ist die Krönung des Kommunikationskonzepts: Aus allen strategischen Überlegungen werden die geeigneten Massnahmen abgeleitet. Daneben sollten Sie sich Gedanken zu folgenden Punkten machen:
- Budget: Wie viel Geld steht für die Massnahmen zur Verfügung?
- Controlling: Wie wird der Erfolg der einzelnen Massnahmen gemessen?
- Organisation: Wer ist für die Umsetzung und Kontrolle der Massnahmen verantwortlich?

DER KOMMUNIKATIONSVERANTWORTLICHE des Vereins «Fussballfreunde Schweiz» (VFS) sieht für die Umsetzung seiner Kommunikationsstrategie folgende Massnahmen vor:
- Einbezug der internen Kommunikationsbedürfnisse in die Evaluation der Vereinssoftware (Mitglieder- und Terminverwaltung, Mailversand, Content-Management etc.)
- Einführung einer monatlichen Planungssitzung mit Vorstandsmitgliedern und Trainern
- Aufgleisung eines Newsletterservices für Mitglieder und interessierte Aussenstehende

- Redesign der Internetseite, angepasst an die Bedürfnisse der relevanten Zielgruppen (Information über Vereinsorganisation, Leitbild und Termine, Rückblick auf Veranstaltungen, Anmelde- und Kontaktformular)
- Lancierung einer halbjährlich erscheinenden Vereinspublikation mit Informationen über das Vereinsleben sowie entwicklungs- und erziehungsrelevanten Themen (verfasst von Eltern und anderen interessierten Personen), als Mitgliederzeitschrift, aber auch als Imagebroschüre für Behörden, Sponsoren und potenzielle Neumitglieder
- Einbettung der Kernbotschaft «Fussballfreunde Schweiz – Freude und Erfahrungen fürs Leben» zusammen mit dem Vereinslogo auf allen Kanälen

Geeignete Kommunikationsmittel für Vereine

Zur Umsetzung seiner Strategie stehen einem Verein eine Unzahl von Kommunikationsmitteln respektive -kanälen zur Verfügung. Je nach Zielgruppe, deren Kommunikationsbedürfnissen und Informationsverhalten drängt sich normalerweise ein Mix an Kommunikationsmitteln auf. Der Kommunikationsverantwortliche wird in regelmässigen Abständen zu überprüfen haben, ob dieser Mix noch stimmt, ob gewisse Kanäle überflüssig sind oder ob sich neue Kommunikationsmittel anbieten.

Rundbrief / Newsletter

Mit einem Rundbrief, der einfach, aber grafisch ansprechend gestaltet und mit knappem Text versehen ist, können Sie Ihre Mitglieder regelmässig – je nach Bedürfnis monatlich, viertel- oder halbjährlich – über das aktuelle Vereinsgeschehen informieren, auf Veranstaltungen hinweisen und Freiwillige für Arbeitseinsätze suchen.

Als elektronisches Pendant zum Rundbrief bietet sich der Newsletter per E-Mail an. Der Vorteil von Newslettern ist, dass sie keine (externen) Kosten verursachen. Allerdings muss sich der Verein um die erforderlichen Mail-Adressen kümmern und diese ständig à jour halten. Zudem hat der Verein als Absender wenig Einfluss darauf, ob seine Newsletter bei den Empfängern wirklich im Posteingang und nicht ungelesen im Spam-Ordner landen.

Vereinspublikationen

Eine Vereinszeitung herauszubringen ist mit enormem Aufwand verbunden. Dieser lohnt sich nur bei einem grösseren Verein, der die Finanzierung über längere Zeit sicherstellen kann und über Fachleute verfügt, die diese anspruchsvolle Aufgabe übernehmen. Eine attraktive Gestaltung und interessante Artikel sind unabdingbar, um bei den Mitgliedern und einer weiteren Leserschaft Anklang zu finden. Nur so können auch genügend Werbekunden animiert werden, mit Inseraten mindestens einen Teil der Publikationskosten zu decken.

Die Redaktion der Vereinszeitschrift übernimmt idealerweise ein Team, das für die gesamte Produktion verantwortlich ist und dessen Leitung in den Vorstand eingebunden ist. Vor dem Start muss Folgendes feststehen: Name, Zielgruppe, Auflage, Erscheinungsrhythmus, inhaltliches Konzept, Umfang, Format, Vorgaben für Inserate, Versand und Finanzierung.

Als Vereinspublikation kommt nebst der Zeitung – je nach Kommunikationskonzept – auch eine Broschüre infrage, mit der der Verein Zielgruppen wie potenzielle Sponsoren oder Behörden über seine Tätigkeit informiert. Unter Umständen kann der Jahresbericht mit wenig Aufwand in eine Vereinsbroschüre umgestaltet werden (siehe dazu Seite 125).

Schaukasten

Manche Gemeinden stellen einen Platz zur Verfügung, wo Vereine über ihre Aktivitäten informieren können. Entweder ist es ein öffentliches Anschlagbrett oder gar ein verglaster Informationskasten. Fehlt ein solcher Info-Point an Ihrem Wohnort, regen Sie doch die Gemeindeverantwortlichen dazu an, einen zu schaffen. Stossen Sie auf Ablehnung, versuchen Sie vielleicht auf eigene Faust, für Ihren Verein oder mit anderen Vereinen zusammen einen solchen Schaukasten an prominenter Stelle zu installieren. Wie für alle anderen Veröffentlichungen gilt auch hier: Je prägnanter der Text und je besser und auffälliger die Gestaltung, umso höher der Beachtungsgrad.

Veranstaltungskalender

Zeitungen, Verkehrsvereine und Mitteilungsblätter von Gemeinden veröffentlichen häufig Veranstaltungskalender. Nutzen Sie solche Informations-
möglichkeiten für Ihren Verein, denn diese Kalender werden gut beachtet,
und der Eintrag kostet in der Regel nichts.

Internetseite

Die meisten Vereine verfügen zwar über eine eigene Website. Viele davon
sind aber ziemlich statisch und bieten den Besucherinnen und Besuchern
ausser Organigramm, Kontaktangaben und Fotos kaum hilfreiche Informationen. Das ist schade, denn die Internetpräsenz ist nach wie vor das
perfekte Kommunikationsmittel, um mit wenig Geld eine grosse Reichweite zu erzielen. Bevor Sie eine neue Internetseite lancieren oder den
bestehenden Internetauftritt grundlegend überarbeiten, sollten Sie folgende Punkte klären:

- Zielgruppen festlegen: Wen wollen Sie mit Ihrem Internetauftritt erreichen – nur Mitglieder und potenzielle Neumitglieder? Oder auch Sponsoren und die breite Öffentlichkeit?
- Administrative Aufgaben bestimmen, die über das Internet abgewickelt
  werden können: zum Beispiel Aufnahme von Neumitgliedern, Mitgliederverwaltung, Anmeldung für Veranstaltungen, Abruf von Dokumenten (Statuten, Reglemente, Protokolle etc.)
- Informationsbedürfnisse klären: Welche Inhalte und Gefässe gehören
  auf die Website (Vereinsporträt, Veranstaltungen und Termine, Resul-
  tate, Dokumente, Kontaktformular, Diskussionsforum etc.)?
- Zuständigkeiten zuweisen – insbesondere für Konzeption, Design, Content-Management, Infrastruktur und Vermarktung
- Budget erstellen: Was darf der Internetauftritt (Aufbau, Unterhalt und
  Betreuung) kosten? Können über die Website Einnahmen generiert
  werden (Werbebanner, Sponsoring)?
- Kooperationen prüfen: Existieren Gemeinschaftslösungen? Ist eine Zusammenarbeit mit anderen Vereinen möglich?

TIPP *Die Internetseite ist ein wichtiger Bestandteil des Erschei-
nungsbildes Ihres Vereins. Eine handgestrickte Vereinswebsite könnte deshalb schnell einmal im Widerspruch zur angestrebten
«Corporate Identity» stehen. Deshalb sollten Sie die Konzeption*

und Gestaltung Profis überlassen – etwa einer spezialisierten Grafik-
oder Webagentur. Es sei denn, Sie verfügen über das nötige Know-how
in Ihrem Verein. Ideal ist eine Architektur, die es Ihnen erlaubt, ohne
Spezialwissen kleinere Anpassungen am Design vorzunehmen und die
verschiedenen Gefässe mit Inhalten zu füllen. Steht bei Ihnen gerade
die Anschaffung einer Vereinssoftware zur Diskussion, prüfen Sie, ob
es Lösungen gibt, die auch für das Content-Management Ihrer Inter-
netseite verwendet werden könnten (siehe auch Seite 138).

Social Media

Unter den Begriff Social Media fallen alle digitalen Medien und Techno-
logien, die es den Nutzern ermöglichen, sich untereinander auszutauschen
und / oder Inhalte gemeinsam zu gestalten. Am bekanntesten sind die sozialen Netzwerke wie Facebook, Twitter oder Google+.

Hauptmerkmal von sozialen Medien – und damit wesentlicher Unterschied zu vielen traditionellen Medien – ist die Interaktion beziehungsweise der Dialog. Mit anderen Worten: Nutzerinnen und Nutzer von sozialen
Medien und Netzwerken wollen nicht nur regelmässig mit aktuellen Infos
«gefüttert» werden, sondern sie wollen sich auch aktiv einbringen, indem
sie – gefragt oder ungefragt – Feedbacks, Anregungen oder Tipps geben.
Dessen sollten Sie sich bewusst sein, wenn Sie für die Erreichung Ihrer
Kommunikationsziele soziale Medien in Erwägung ziehen.

DER VIZEPRÄSIDENT des Plauschhockeyclubs «Rocking Ice
Devils» eröffnet für den Verein – quasi als Versuchsballon – eine
Seite auf Facebook. Aus beruflichen Gründen und wegen seiner übrigen Aufgaben für den Club kommt er in der Folge aber nicht dazu, regel-
mässig Beiträge aufzuschalten. Über Monate hinweg sind die Fotos
des Sommerfests der letzte Eintrag. Dementsprechend verzeichnet die
Seite auch nach einem halben Jahr nur eine Handvoll «Likes» – hauptsächlich aus den Reihen der Mitglieder. Dynamik kommt erst auf, als der
Spieler einer gegnerischen Plauschmannschaft auf der Facebook-Seite
seinen Unmut über den von Gehässigkeiten geprägten Match gegen die
«Rocking Ice Devils» äussert. Dieser Eintrag führt zu einem heftigen
Schlagabtausch einzelner Spieler aus beiden Mannschaften. Dem Vizepräsidenten wird dies erst bewusst, als es von anderen Plauschmannschaften Absagen für bereits geplante Freundschaftsspiele hagelt.

CHECKLISTE: SOCIAL MEDIA – JA ODER NEIN?

Beantworten Sie für sich vor dem Einstieg folgende Fragen:

- ■ Passen Social Media zu unserem Verein?
- ■ Unterstützen Social Media die Kommunikationsstrategie unseres Vereins? Ergänzen sie den Mix an Kommunikationsmitteln sinnvoll?
- ■ Welche sozialen Medien oder Netzwerke kommen überhaupt infrage?
- ■ Bringen soziale Medien uns beziehungsweise unseren Zielgruppen einen Mehrwert beziehungsweise einen realen Nutzen (Berichterstattung, Mitteilungen, Austausch etc.)?
- ■ Haben wir im Verein die nötigen Ressourcen (Budget, Personal), um unseren Auftritt «am Leben» zu erhalten und die Interaktionen zwischen Verein und «Fans» respektive unter ihnen zu betreuen?
- ■ Nehmen wir das Risiko in Kauf, dass wir auf Rückmeldungen und Dialoge nur beschränkt Einfluss ausüben können?

Erfahrungsgemäss entscheiden sich viele Unternehmen oder Organisationen vorschnell für den Einsatz von sozialen Medien. Insbesondere überprüfen sie zu wenig gründlich, ob Social Media zur Unterstützung ihrer strategischen Überlegung wirklich Sinn macht – und viele sind sich nicht bewusst, dass die Betreuung der Präsenz in sozialen Netzwerken sehr aufwendig ist. Das Wichtigste ist aber, dass man die Community nur beschränkt beeinflussen kann. Schon mancher Kommunikations- oder Marketingverantwortliche erlebte unliebsame Überraschungen, als sein Unternehmen nach dem Löschen von kritischen Beiträgen in einen «Shitstorm» geriet – mit entsprechender Berichterstattung in den Medien.

Medienpräsenz

Präsenz in den Medien kann Ihrem Verein helfen, seine Kommunikationsziele zu erreichen. Allerdings lassen sich Medienschaffende nur beschränkt beeinflussen, denn sie beurteilen die Attraktivität beziehungsweise Relevanz eines Themas nicht gleich wie Sie als Vereins- oder Vorstandsmitglied. Steht eine prominente Person im Mittelpunkt einer Vereinsveranstaltung, ist das behandelte Thema brandaktuell, der Anlass aus anderen Gründen interessant, wird über ein aussergewöhnliches Schicksal berichtet oder wurde ein überraschender Sieg errungen, ist die Aufmerksamkeit der Medien leichter zu gewinnen als mit einer formellen Vereinsversammlung. Dies gilt in besonderem Masse für Radio und Fernsehen. Bei lokalen Medien können Sie wahrscheinlich eher Interesse an Ihrem Verein wecken als bei solchen, die die ganze (Deutsch-)Schweiz bedienen. Gute Kontakte zu Medienleuten erleichtern Ihnen die Öffentlichkeitsarbeit. Wer die lokalen Berichterstatterinnen und Berichterstatter kennt, lässt diesen die Einladung zu wichtigen Terminen ebenso zukommen wie der Redaktion.

> **TIPP** *Beim Verfassen von Pressetexten oder Medienmitteilungen halten Sie sich am besten an die sieben Ws: Wer? Was? Wann? Wo? Wie? Warum? Wofür? Wählen Sie einen Titel, der Neugier und Interesse weckt. Bereits der Vorspann des Artikels, der sogenannte Lead, sollte alle wichtigen Informationen antippen und neugierig auf die weitere Lektüre machen. Bauen Sie den Text logisch auf und setzen Sie das Wichtigste an den Anfang. Muss die Redaktion kürzen, macht sie das meist am Schluss des Artikels. Verwenden Sie kurze Sätze und vermeiden Sie ungewohnte Fachausdrücke, Abkürzungen und Fremdwörter.*

Anwendungsbereiche der Kommunikation

Mit dem Erarbeiten eines Kommunikationskonzepts haben Sie einen wichtigen Meilenstein erreicht. Jetzt beginnt die Fleissarbeit – wenn es darum geht, die getroffenen Massnahmen in die Tat umzusetzen.

Wenn das Konzept der Vereinskommunikation einmal steht (siehe Seite 152), erleichtert es Ihnen als Präsidentin, Kommunikationsbeauftragter oder als anderes Vorstandsmitglied sämtliche Tätigkeiten, bei denen auch kommunikative Aufgaben anfallen. So wissen Sie insbesondere, welche Zielgruppen für die Erreichung Ihrer Ziele relevant sind und mit welcher

Kernbotschaft Sie diese ansprechen. Und wahrscheinlich haben Sie sich auch schon für einen Mix an Kommunikationsmitteln entschieden, mit denen Sie hauptsächlich operieren wollen.

Vereinsmarketing

Das Marketing ist ein Teilbereich der Vereinskommunikation. Vereinfacht gesagt geht es beim Marketing von Unternehmen und Organisationen darum, Produkte oder Dienstleistungen an die Frau oder den Mann zu bringen. Bei Vereinen dürften Marketingaktivitäten vor allem für das Fundraising – also für das Erschliessen von neuen Einnahmequellen (siehe Seite 81) – sowie für das Anwerben von neuen Mitgliedern zum Einsatz kommen. Es ist aber auch denkbar, dass ein Verein für seinen ideellen Zweck ein nach kaufmännischer Art geführtes Gewerbe – wie etwa ein Restaurant – betreibt, das er entsprechend vermarkten muss.

Um ein einheitliches und somit effektives Auftreten sowie ein effizientes Handeln aller Beteiligten zu gewährleisten, ist es empfehlenswert, ein Marketingkonzept auszuarbeiten. Die Vorgehensweise ist gleich wie bei der Konzeption der gesamten Vereinskommunikation (Seite 152):

- Situationsanalyse: SWOT plus Analyse der Vertriebssituation, Konkurrenz, Kundenverhalten etc.
- Marketingziele (zum Beispiel 20 Prozent mehr Umsatz im Vereinslokal, 30 neue Mitglieder oder 10 000 Franken zusätzliche Sponsoringgelder bis in einem Jahr)
- Strategie: Zielgruppen, Positionierung, Botschaften, Massnahmen, Budget, Kontrollinstrumente
- Durchführung der Massnahmen (Werbung, Events, Medienpräsenz etc.)
- Kontrolle (beispielsweise Anzahl Neuanmeldungen oder Teilnehmer an einem Anlass)

Neue Mitglieder anwerben

Der Verein lebt vor allem dank seiner Mitglieder. Um sein Weiterbestehen zu sichern, müssen deshalb kontinuierlich neue Mitglieder gewonnen werden. Je nach Art und Zweck Ihres Vereins werden Sie bei der Mitgliederwerbung unterschiedliche Zielgruppen ansprechen. Tragen Sie an einer

Vorstandssitzung oder einer Mitgliederversammlung Ideen zusammen, welche Personen oder Personengruppen Sie zu einem Beitritt ermuntern könnten.

Benützen Sie jede Gelegenheit zur Mitgliederwerbung. Tragen Sie immer eine Anzahl Flyer bei sich, die Sie interessierten Personen abgeben können. Sofern es in Ihrer Gemeinde noch kein Verzeichnis aller Vereine gibt, regen Sie ein solches – zum Beispiel auf der kommunalen Internetseite – an. Vielleicht besteht auch die Möglichkeit, Ihren Verein an einem Anlass für die Neuzuzüger der Gemeinde vorzustellen. Oder Sie organisieren zusammen mit anderen Vereinen eine «Vereinsmesse», an der sich alle Dorfvereine präsentieren können.

AUFGRUND DES KOMMUNIKATIONSKONZEPTS hat der Verein «Fussballfreunde Schweiz» (VFS) in der Zwischenzeit seinen Internetauftritt überarbeitet, einen Newsletterservice eingerichtet und eine Vereinszeitung lanciert. Und in einer Gemeinde, in der der VFS bisher nicht aktiv war, in der er nun aber für mehrere Trainings Turnhallen mieten konnte, muss sich der Kommunikationsverantwortliche um Neumitglieder kümmern. Er schlägt dem Vorstand folgende Massnahmen vor:

- Kreation eines Flyers mit Angabe der Trainingszeiten und Verweis auf die Internetseite des VFS
- Auflage des Flyers an den örtlichen Schulen (nach Absprache mit der Schulleitung)
- Inserat in der Lokalzeitung (unter «Vereine», «Veranstaltungen» oder ähnlicher Rubrik)
- Kontaktaufnahme mit Redaktionen von Lokalmedien mit dem Aufhänger «Fussballtrainings ohne Leistungsdruck»
- Durchführung spezieller Probetrainings unter dem Motto «Fussball – Freude und Erfahrungen fürs Leben»; Abgabe der Vereinszeitung; Aufnahme von Adressen von Interessierten
- Nachfassen per Mail und/oder Telefon

Lobbying

Unter Lobbyieren versteht man die intensiven Bemühungen, Entscheidungsträger wie etwa Mitglieder von Behörden, Politiker oder Stiftungsräte für eigene Interessen und Anliegen zu gewinnen. Lobbying kann auch für Vereine ein Thema sein – je nach Zweck, den sie verfolgen. Aber aufgepasst: Lobbying ist eine Daueraufgabe. Man muss langfristig planen, wo und wie man es betreiben möchte. In guten Zeiten müssen Sie als Vereinsverantwortliche deshalb Kontakte knüpfen, um in schlechten Zeiten davon zu profitieren. Sie können sich also nicht erst ums Lobbying kümmern, wenn Ihr Verein Geld oder Unterstützung bei der Realisation eines Projekts braucht. Üblicherweise müssen Sie damit rechnen, dass vom ersten Kontakt bis zu einer erfolgreichen Zusammenarbeit respektive einer regelmässigen finanziellen Unterstützung drei bis fünf Jahre verstreichen.

Lobbying muss verhältnismässig sein. Wenn Sie sich um einen relativ kleinen finanziellen Betrag bemühen, sollten Sie nicht mit Expressbriefen und Hochglanzprospekten auftreten. Vermeiden Sie auch Telefonanrufe ausserhalb der Arbeitszeiten und am Wochenende.

❗ HINWEIS *Die Grenze zwischen Lobbying und Belästigung ist schmal. Gehen Sie in Ihrem Bemühen sorgfältig vor und achten Sie darauf, wie Ihr Gegenüber reagiert. Formulieren Sie Ihre Anliegen so, dass sich die Gegenseite darauf einlassen kann, auch wenn das Projekt nicht unbedingt auf ihrer Linie liegt.*

Zum Lobbying bei Entscheidungsträgern und -trägerinnen gehören:
- **Korrekte und nützliche Informationen:** zum Beispiel das Budget des kommenden Jahres, wenn dafür Geld fliessen soll. Zahlen und Leistungsdaten sind wichtig; dass diese stimmen müssen, ist selbstverständlich. Führen Sie die Stunden und den Ertrag der ehrenamtlich geleisteten Arbeit im Budget auf.
- **Umfassende, themenrelevante Informationen:** Schildern Sie die Problematik beziehungsweise das Gesamtanliegen Ihres Vereins (zum Beispiel Umweltschutz) und nehmen Sie Stellung dazu. Fassen Sie zusammen, welchen Bezug die angesprochene Person, das Gremium oder die Behörde Ihrer Meinung nach zur Angelegenheit hat, welche Unter-

stützung Ihr Verein leisten und welcher Beitrag ihm helfen würde, die Situation zu verändern oder zu verbessern.

- **Gesichter sind wichtig:** Ihre Gesprächspartner und Gesprächspartnerinnen müssen wissen, mit wem sie es zu tun haben und wer hinter dem Verein steht. Personen, die für den Verein lobbyieren, müssen zuverlässig und engagiert wirken (und es natürlich auch sein). Der persönliche Kontakt ist ausschlaggebend.

TIPP *Überschätzen Sie das Vorwissen der Angesprochenen nicht: Meistens sind sie unzureichend informiert, auch wenn sie Ihre Informationen regelmässig erhalten. Zudem wechseln die zuständigen Personen in den Gremien häufig. Wiederholen Sie bei Ihren Vorstössen deshalb die Grundlagen, die Sie für eine Entscheidungsfindung als notwendig erachten.*

Werbung für Vereinsaktivitäten

Ob Ihr Verein ein Fest veranstaltet, zu einer Podiumsdiskussion einlädt oder ein grosses Sportturnier organisiert – zum Erfolg trägt immer auch die Werbung bei. Für eine Grossveranstaltung vertrauen Sie sie besser Fachleuten an. Holen Sie für den Auftrag Offerten bei verschiedenen spezialisierten Werbeagenturen ein.

Bei Anlässen im kleineren Rahmen werden Sie nicht mit der grossen Kelle anrühren können oder wollen. Vielleicht gibt es in Ihren Reihen Leute mit gestalterischem Geschick, die ein ansprechendes Banner oder einen Flyer, ein Flugblatt oder ein Plakat entwerfen können.

Stellen Sie bei der Planung auf das Kommunikationskonzept Ihres Vereins ab (Seite 152); verwenden Sie insbesondere die Kernbotschaft und die Zielgruppen als Grundlage für Ihre Werbeaktivitäten. Listen Sie auf, wen Sie wie und mit welcher Werbebotschaft erreichen wollen, und stellen Sie ein Budget auf für die verschiedenen Werbemassnahmen. Formulieren Sie die Texte sorgfältig und lassen Sie sie gegenlesen – Orthografiefehler und grammatikalische Schnitzer sind tabu. Beachten Sie für griffige Texte die AIDA-Regel (siehe Seite 170). Auf allen Drucksachen sollten – nebst der Veranstaltung – der Name Ihres Vereins, Kontakt- und Internetadresse erscheinen.

Wenn Sie die folgenden Punkte beachten, wird Ihre Werbung die gewünschte Aufmerksamkeit erwecken:

■ Inserate sind nicht billig; darum muss ihr Einsatz gut überlegt sein. In der Lokalzeitung werden sie oft besser beachtet. Ausserdem ist die Redaktion meist auch bereit, im Textteil eine Vorschau auf die Veranstaltung zu veröffentlichen und nachher darüber zu berichten.

■ Viele Gemeinden, Verkehrsvereine und Zeitungen veröffentlichen Veranstaltungskalender. Melden Sie Ihre Veranstaltung frühzeitig an.

■ Plakate im Gross- und Kleinformat müssen grosszügig gestaltet sein, damit sie ihren Zweck als Blickfang erfüllen. Kleinplakate im A4- und A3-Format können Sie auf Anfrage meist in Läden, öffentlichen Gebäuden, Restaurants und an offiziellen Anschlagbrettern befestigen. Plakate im Weltformat werden von kommerziellen Plakatgesellschaften aufgehängt. Die Kosten sind allerdings beträchtlich – und die Aushängetermine müssen frühzeitig festgelegt werden. Es gibt Gemeinden, die grosse, mobile Plakatständer für Vereine und Parteien zur Verfügung stellen. Solche Ständer lassen sich mit handwerklichem Geschick auch selber anfertigen. Holen Sie aber vor dem Aufstellen auf privatem oder öffentlichem Boden die entsprechenden Bewilligungen ein (unterschiedlich geregelt von Kanton zu Kanton, oft sogar von Gemeinde zu Gemeinde).

■ Unadressierte Wurfsendungen (Werbebrief oder Flyer) kommen je nach Gewicht und Anzahl recht teuer zu stehen. Ausserdem sind viele Briefkästen mit Werbestopp-Klebern versehen. Aufwand und Ertrag müssen in diesem Fall gut gegeneinander abgewogen werden. Solche Wurfsendungen werden durch die Post oder durch private Verträgerorganisationen verteilt. Es lohnt sich, verschiedene Offerten einzuholen.

■ Die Kosten für Werbemassnahmen lassen sich durch Sponsoring verringern. Lesen Sie dazu die Informationen ab Seite 85.

■ Nutzen Sie das Internet und soziale Medien: Kreieren Sie nebst einem Flyer auch ein Werbebanner, das Sie auf Ihrer Internetseite, aber auch auf solchen von Partnervereinen, Verbänden und anderen passenden Plattformen platzieren können. Verlinken Sie die Bannerwerbung mit Ihrer Internetseite oder – noch besser – mit einer Unterseite, die Sie nur für den Anlass erstellen. Haben Sie eine Seite in einem sozialen Netzwerk, zum Beispiel Facebook, können Sie Ihre Fans oder «Likers» direkt zur Veranstaltung einladen.

Veranstaltungen

Ihr Verein plant eine interne Feier für 30 Personen, ein Grümpelturnier mit 300 Fussballbegeisterten oder ein Jubiläumsfest, zu dem 2000 Gäste erwartet werden: Für einen solchen Anlass brauchen Sie originelle Ideen, ein klares Konzept, ein Organisationsschema und engagierte Helferinnen und Helfer.

Einen Anlass im kleineren Rahmen werden Sie mit vereinseigenen Kräften organisieren können; für Grossanlässe empfiehlt es sich, externe Beratung und Unterstützung im Bereich Eventmanagement beizuziehen.

Planung in Abstimmung mit dem Kommunikationskonzept

Vereinsveranstaltungen gehen oftmals direkt aus dem Kommunikationskonzept hervor – etwa als Massnahme für das Anwerben von Neumitgliedern oder für Fundraising. Wenn dem nicht so ist, zum Beispiel, weil der Verein den betreffenden Event schon seit Ewigkeiten organisiert, sollte das Organisationskomitee trotzdem das Konzept der Vereinskommunikation als Grundlage für die Planung beiziehen. Klären Sie deshalb beim Aufgleisen der Vereinsveranstaltung folgende Punkte:

- Ziel der Veranstaltung: Imagepflege, Mitgliederwerbung, Fundraising
- Art der Veranstaltung: Turnier, Wettkampf, Jubiläumsfest, Kultur- oder Musikevent, Unterhaltungsabend, Benefizveranstaltung
- Zielgruppe / Teilnehmer: Mitglieder, geladene Gäste, breite Öffentlichkeit

- Zeitpunkt: Datum und Zeit, Dauer, Ausweichdatum
- Ort: eigene oder fremde Anlage, Festplatz, Saal, Marktstand
- Finanzierung: Erträge (Gebühren, Eintritt, Festwirtschaft),
  Sponsoren, Subventionen, Spenden, Vereinskasse
- Organisation: Vorstand, Mitglieder, Komitee, externe Agentur
- Zeitplan: je nach Grösse und Art des Anlasses

9

Krisen im Verein

Wie jede andere Gemeinschaft ist auch ein Verein nicht vor
Krisen gefeit. Kritische Situationen können plötzlich auftreten
oder sich allmählich zuspitzen. Wenn Sie sich in ruhigen
Zeiten mit Notfallszenarien vertraut machen, werden Sie im
Ernstfall besonnener reagieren.

Krisenmanagement beginnt mit der Prävention

Vereinsmitglieder sind engagierte Zeitgenossen – deshalb liegen Auseinandersetzungen in der Natur der Sache. Aus harmlosen Konflikten können sich rasch veritable Krisen entwickeln.

Wichtigster Baustein des Krisenmanagements – egal, ob bei einem Weltkonzern oder einer kleinen privaten Vereinigung – ist die Vorbeugung. Denn viele interne Turbulenzen entstehen nach Fehlentscheiden oder sind zumindest voraussehbar. Erfahrungsgemäss entstehen viele Konflikte mit oder zwischen den Mitgliedern. Deshalb ist es wichtig, dass Sie im Vorstand die Anliegen, Sorgen oder den Ärger Ihrer Mitglieder kennen.

Wissen, was die Mitglieder bewegt

Kennen Sie als Präsidentin oder als Vorstandsmitglied die Bedürfnisse Ihrer Vereinsmitglieder? Wissen Sie, ob alle mit den Vereinsleistungen zufrieden sind? Der Besucherandrang an der Hauptversammlung ist da nur ein ungenauer Gradmesser. Um den Zufriedenheitsgrad, Wünsche, Kritik und Anregungen in Erfahrung zu bringen, brauchen Sie zusätzliche Messinstrumente. Hier einige Ideen:

- Legen Sie dem nächsten Versand an die Mitglieder einen Fragebogen mit Indikatoren zu allen Sparten Ihres Vereins bei. Machen Sie darauf auch Vorschläge für mögliche neue Projekte oder Dienstleistungen und geben Sie einen Raster zum Ankreuzen vor (zum Beispiel «sehr erwünscht» – «erwünscht» – «unnötig»). Lassen Sie auf dem Bogen genügend Platz für Anregungen und Kritik. Werten Sie die Umfrage im Vorstand aus und legen Sie die Auswertung zusammen mit einem Massnahmenkatalog der Mitgliederversammlung vor.
- Planen Sie an oder nach jeder Mitgliederversammlung Zeit ein für eine «Chropfleerete», an der die Mitglieder Wünsche, Anregungen und Kritik anbringen können. Weisen Sie schon in der Einladung darauf hin.

- Stellen Sie im Vereinslokal und an Versammlungen einen Briefkasten auf. Hier können Mitglieder ihre Wünsche, Anregungen und Kritik anbringen.
- Richten Sie auf Ihrer Vereinswebsite eine Kontaktmöglichkeit für Ihre Mitglieder ein.
- Haken Sie nach und fragen Sie nach den Gründen, wenn jemand aus dem Verein austritt.

Krise! Was tun?

Trotz präventiver Bemühungen – alle Krisen werden Sie nicht verhindern können. Wichtig ist, dass Sie darauf gefasst sind. Sie sollten sich deshalb überlegen, welche Krisen Ihren Verein ereilen könnten.

Je nach Art und Zweck eines Vereins kommen erfahrungsgemäss folgende Vorfälle infrage:
- Ausfall von Führungspersonen vor oder während wichtigen Anlässen
- Knatsch in Führungsgremien – im Extremfall gefolgt von Rücktritten
- Flügelkämpfe an Vereinsversammlungen, die zu Tumulten führen
- Straftaten im Verein: Diebstahl, Betrug, sexuelle Übergriffe
- Ausfall der IT – zum Beispiel wegen eines Computervirus
- Beschädigung oder Zerstörung von Gebäuden und Einrichtungen durch Feuer oder Unwetter
- Unfall oder Todesfall an einem Vereinsanlass – etwa an einem Sportturnier

HINWEIS *Die Art der Krisensituation bestimmt, wie Sie darauf reagieren sollten. Und eine Binsenwahrheit gilt auch in Krisenfällen: Sie bieten immer auch eine Chance. Wenn Sie die dunklen Wolken über dem Verein rechtzeitig ernst nehmen, beherzt und doch überlegt einschreiten, können Sie den Sturm rechtzeitig abwenden, sodass es bei einem kurzen Gewitter bleibt und ganz schnell wieder die Sonne scheint.*

Notfallszenario für Unfälle

Ein Blick in die Beratungsstatistik zeigt: Die Wahrscheinlichkeit, dass ein Verein wegen Unfällen in eine Krise schlittert, ist zwar kleiner als die von zwischenmenschlichen Turbulenzen, doch Unfälle haben oft gravierende Folgen für die Betroffenen und können den Verein schnell ins Rampenlicht der Öffentlichkeit bringen. Deshalb sollten Sie Unfälle in Ihrem Verein mit allen Mitteln verhindern. Wichtigste Präventivmassnahme sind Sicherheitsstandards: Die Vereinsleitung sollte genau analysieren, wo es zu Unfällen kommen könnte – auf Ausflügen, im Training, bei Wettkämpfen –, und entsprechende Regeln aufstellen. Wichtig ist, dass es Verantwortliche gibt, die für die Einhaltung dieser Standards besorgt sind.

Da Unfälle trotz Sicherheitsstandards passieren können, muss ein Verein unbedingt ein Notfallkonzept griffbereit haben. Darin sollte ein Krisenstab definiert sein und Schritt für Schritt festgehalten werden, wer welche Aufgaben übernimmt und wer informiert werden muss. Nicht vergessen: Das Notfallkonzept sollte regelmässig überarbeitet werden – vor allem, wenn es zu einem Wechsel im Vorstand gekommen ist.

Bei Unglücksfällen leiten Sie sofort die nötigen Hilfsmassnahmen ein, alarmieren die Rettung und die Polizei. Informieren Sie auch umgehend die nächsten Angehörigen. Erstellen Sie eine Übersicht mit folgendem Inhalt:

- Was ist wann und wo passiert?
- Wer ist betroffen?
- Welcher Schaden ist entstanden?
- Welche Massnahmen wurden getroffen?
- Wer ist wie zu erreichen?

Krisensitzung

Bieten Sie bei Unfällen so schnell wie möglich die Vereinsführung zu einer Krisensitzung auf. Dabei geht es um die Klärung folgender Punkte:

- Orientierung anhand der vorliegenden Übersicht
- Prüfung von Sofortmassnahmen
- Bestimmung des Krisenmanagements (inklusive Krisenkommunikation)
- Analyse der Ursache, des Ausmasses und der Folgen für den Verein
- Klärung der Notwendigkeit von Fachpersonen (zum Beispiel Beizug eines Care-Teams)

- Organisation der Zusammenarbeit mit Rettungskräften, Polizei und Strafbehörden gemäss Krisenkonzept
- Festlegung des weiteren Vorgehens: Betreuung von Opfern und Angehörigen, Kommunikation, Meldung an Versicherung, Beizug eines Rechtsbeistands
- Erteilung der notwendigen Aufträge an Vorstandsmitglieder und Funktionäre
- Bestimmung einer einheitlichen Sprachregelung
- Absprache der Information: Wer muss wann worüber informiert werden?
- Festlegung der nächsten Sitzung

HINWEIS *Wichtig ist, dass Sie nach innen und aussen schnell, transparent und einheitlich informieren. Es sei denn, die Polizei und/oder die Strafbehörden haben – etwa aus ermittlungstaktischen Gründen – eine Informationssperre verhängt. So oder so sollten Sie nur gesicherte Fakten weitergeben und keine Spekulationen anstellen. Handelt es sich um einen grösseren Krisenfall, werden die Medien sofort – und zwar auch ungerufen – erscheinen. Den Medienkontakt sollte nur eine mit dieser Aufgabe betraute Person pflegen – für alle anderen gilt eine Schweigepflicht. Falls Sie keinen Medienprofi an Bord haben, sollten Sie den Beizug einer externen Fachkraft in Erwägung ziehen.*

Interne Krisen anpacken und bewältigen

Unglücksfälle und aufgedeckte strafbare Vergehen sind spektakuläre Vorkommnisse, die Ihren Verein in seinen Grundfesten erschüttern können. Andere Krisensituationen wirbeln zwar weniger Staub auf, beeinträchtigen das Vereinsleben aber oft nachhaltiger: unüberbrückbare Meinungsunterschiede, Flügelkämpfe, Generationenkonflikte, persönliche Auseinandersetzungen, Missverständnisse.

Solche Probleme werden oft nicht offen angesprochen. Es bilden sich Gruppen und Fraktionen, die gegeneinander arbeiten – meist genügt dann ein kleiner Anlass, um eine Krise auszulösen. Als Vereinsleitung tun Sie gut daran, auch auf kleine Anzeichen von Missstimmungen zu achten und diese mit psychologischem Geschick sofort anzusprechen und zu klären. Dabei geht es nicht darum, Gewinner und Verlierer zu ermitteln, sondern beide Seiten ernst zu nehmen. Spielen Sie Probleme um des Vereinsfriedens willen nicht herunter.

TIPP *Geht der Streit immer von einer oder wenigen Personen aus, sind das nicht zwingend einfach Querulanten. Werden sie mit einer verantwortungsvollen Aufgabe betraut oder zumindest gut in die Entscheidungsfindung einbezogen, entwickeln sie sogar oft erstaunliche Einsatzfreude. Vielleicht wollten sie mit ihrem querköpfigen Verhalten nur auf sich aufmerksam machen.*

Personalmangel im Vereinsvorstand

Hat Ihr Verein Schwierigkeiten, genügend fähige Personen zu finden, die die zeitaufwendige Vorstandstätigkeit mit ihrem Berufs- und Familienleben vereinbaren können, müssen Sie nach Entlastungsmöglichkeiten suchen. Sofern Ihr Verein es sich finanziell leisten kann, richten Sie ein von entlöhnten Angestellten betreutes Sekretariat ein. Eine andere Möglichkeit ist das Auslagern von administrativen Arbeiten wie etwa die Mitgliederverwaltung, die Buchhaltung oder Versandarbeiten. Sprengt dies Ihren finanziellen Rahmen, lässt sich vielleicht die Zahl der Vorstandsmitglieder aufstocken und so die Arbeit auf mehr Schultern verteilen.

TIPP *Erfahrungsgemäss gibt es in jedem Verein fähige Mitglieder, die ihre Ideen und Vorstellungen in die Vorstandsarbeit einbringen würden. Oftmals fehlt ihnen einfach der Anschub respektive das Quäntchen Mut, um sich selbst zu melden. Es kann deshalb durchaus angezeigt sein, im Verein subtil etwas Druck auszuüben, indem man auf den gesetzlichen Auflösungsgrund bei dauerhafter Unterbesetzung im Vorstand hinweist (siehe dazu Seite 199).*

Hilfe von aussen

Eine offene Aussprache stellt hohe Anforderungen an die Gesprächsleitung. Es braucht eine konsequente und unparteiische Führung, damit die Aussprache ihren Zweck erfüllen kann und nicht in gegenseitige Beschimpfung ausartet. Beachten Sie dazu auch die Anregungen im Kapitel «Kommunikation» (siehe Seite 146).

In besonders problematischen Fällen oder wenn die Krise schon lange anhält, empfiehlt es sich, eine aussenstehende Fachperson beizuziehen. Geschulte Moderatorinnen oder Moderatoren besitzen das Rüstzeug, Konflikte in sachlichere Bahnen zu lenken.

Eine Mediation kann auch blockierte Fronten wieder in Bewegung bringen und den Weg zu einer einvernehmlichen Lösung ebnen. Dabei setzen sich die Streitparteien gemeinsam mit einem allparteilichen Vermittler an einen Tisch. Damit ist bereits viel erreicht. Die Parteien suchen selbst, aber auch mithilfe des Mediators, nach einer massgeschneiderten, verbindlichen Lösung, die sie in einer Vereinbarung festhalten.

BUCHTIPP
Mediation – Konflikte besser lösen
www.beobachter.ch/buchshop

TIPP *Adressen von Mediatorinnen und Mediatoren erhalten Sie beim Schweizerischen Dachverband für Mediation (www.infomediation.ch).*

10

Rechtsfragen

Für Vereine gibt es kein enges gesetzliches Korsett. Wie das Vereinsleben gestaltet werden soll, können die Mitglieder weitgehend frei

entscheiden. Trotzdem stellen sich ab und zu Fragen, etwa in Bezug

auf Haftung oder Versicherungen. In diesem Kapitel erhalten Sie

einen Überblick über die wichtigsten Fragen und Antworten.

Wer haftet für Vereinsschulden?

Läuft alles rund, interessieren die Finanzen kaum. Gerät der Verein hingegen in eine finanzielle Schieflage, fragt sich manch ein Mitglied, ob es nun für die Schulden des Vereins geradestehen muss.

Das Vereinsrecht regelt die Frage der Haftung für Vereinsschulden ausdrücklich – und zwar in Artikel 75a Zivilgesetzbuch (ZGB): «Für die Verbindlichkeiten des Vereins haftet das Vereinsvermögen. Es haftet ausschliesslich, sofern die Statuten nichts anderes bestimmen.» Mit anderen Worten: Wenn in den Statuten die persönliche Haftung oder Nachschusspflicht aller oder einzelner Personen nicht verankert ist, können die Mitglieder nie für Schulden ihres Vereins zur Rechenschaft gezogen werden. Sie haften nur für die Mitgliederbeiträge, falls solche in den Statuten vorgesehen sind.

Haftet der Verein für seinen Vorstand?

Zwischen den Vorstandsmitgliedern und dem Verein besteht ein organschaftliches respektive auftragsähnliches Rechtsverhältnis (siehe Seite 59). Gestützt darauf hat der Vorstand das Recht und die Pflicht, nach den Befugnissen, welche die Statuten ihm einräumen, die Angelegenheiten des Vereins zu besorgen und den Verein zu vertreten.

Für das Geschäftsgebaren und die Handlungen des Vorstands ist der Verein verantwortlich. Mit anderen Worten: Der Verein haftet für die Rechtsgeschäfte, die ein Vorstandsmitglied abschliesst. Unterzeichnet der Präsident des Plauschhockeyclubs «Rocking Ice Devils» einen Mietvertrag für zusätzliche Eisfeldzeiten, muss der Verein den Mietzins begleichen – und nicht etwa der Präsident. Der Verein muss selbst dann bezahlen, wenn der Präsident mit seiner Unterschrift unter den Mietvertrag seine Finanzkompetenzen überschritten hat, die Eismiete aber im Rahmen des Vereinszweckes liegt.

Nicht nur durch den Abschluss von Verträgen, auch durch ihre übrigen Handlungen und ihr Verhalten verpflichten die Vorstandsmitglieder ihren

Verein. Der Verein haftet sogar dann, wenn ein Vorstandsmitglied statuten- oder vertragswidrig handelt oder jemandem widerrechtlich Schaden zufügt, sofern die Handlungen durch den Vereinszweck abgedeckt werden – etwa wenn der Kassier auf betrügerische Weise Einnahmen für die Vereinskasse generiert.

DER VORSTAND DES PLAUSCHHOCKEYCLUBS «Rocking Ice Devils» beauftragt eine Agentur, Werbemittel (Flyer, Banner und Plakate) für sein grosses Sommerfest zum 10-Jahre-Jubiläum zu entwerfen. Zwei Wochen vor dem vereinbarten Abgabetermin widerruft der Vereinsvorstand diesen Auftrag, weil der Sohn eines Aktivspielers sich bereit erklärt hat, die Vorlagen gratis zu entwerfen. Die Werbeagentur macht geltend, dass sie bereits einiges an Vorarbeiten erledigt hat. Dementsprechend verlangt sie Schadenersatz. Weil die Parteien sich nicht einigen können, landet die Sache vor der Schlichtungsbehörde, die den Verein dazu verknurrt, 800 Franken an die Werbeagentur zu bezahlen.

Haftet auch das verantwortliche Vorstandsmitglied?

Kommt es bei einem Vereinsanlass zu Sachbeschädigungen oder – wegen eines Unfalls – zu einer fahrlässigen Körperverletzung, muss ebenfalls die Vereinskasse die Schäden abgelten. Ist der Schaden oder der Unfall entstanden, weil ein verantwortliches Vorstandsmitglied seine Sorgfaltspflichten nicht wahrgenommen hat, haftet es gegenüber der geschädigten Person solidarisch mit dem Verein – und zwar mit seinem Privatvermögen. Mit anderen Worten: Der Geschädigte kann frei entscheiden, ob er den ganzen Schaden – je nach den finanziellen Verhältnissen – beim Verein oder bei der fehlbaren Person einfordern will.

Wer bezahlt die Busse?

Die Haftung des Vereins für seinen Vorstand gilt – abgesehen von den Rechtsgeschäften – nur für das zivilrechtlich deliktische Verhalten. Das heisst: Erfüllt ein Vorstandsmitglied mit seinem pflichtwidrigen Verhalten einen Straftatbestand im Strafgesetzbuch oder im Nebenstrafrecht (zum Beispiel im Strassenverkehrsgesetz), wird nicht der Verein zu einer Busse oder einer Freiheitsstrafe verurteilt, sondern der Täter oder die Täterin persönlich.

DER PLAUSCHHOCKEYCLUB «ROCKING ICE DEVILS»
organisiert für seine Gönner und Sponsoren einen Canyoning-Ausflug. Ein Vorstandsmitglied gibt an, es sei für die Durchführung von solchen Touren ausgebildet. Trotzdem kommt es während des Ausflugs zu einem Unfall – eine Teilnehmerin wird mittelschwer verletzt. Die Ermittlungen der Strafbehörden ergeben, dass das betreffende Vorstandsmitglied elementare Sicherheitsbestimmungen verletzt hat. Die Staatsanwaltschaft erlässt einen Strafbefehl wegen fahrlässiger Körperverletzung und verurteilt das Vorstandsmitglied zu einer bedingten Freiheitsstrafe und einer happigen Busse. Die Unfallversicherung, die für den Spitalaufenthalt der verletzten Teilnehmerin aufgekommen ist, nimmt Regress auf den Verein.

Kann der Verein Regress auf den Vorstand nehmen?
Das organschaftliche respektive auftragsähnliche Rechtsverhältnis zwischen dem Verein und den Vorstandsmitgliedern verpflichtet Letztere zu einer sorgfältigen Geschäftsführung. Entsteht dem Verein wegen eines unsorgfältigen Verhaltens des Vorstands direkt ein Schaden oder haftet der Verein deswegen gegenüber einer geschädigten Drittperson, so können die Vereinsmitglieder Regress auf den Vorstand nehmen. Sogar ein einzelnes Vereinsmitglied kann das fehlbare Vorstandsmitglied auf Leistung von Schadenersatz an den Verein verklagen, wenn der Verein als Ganzes ein solches Vorgehen unterlässt.

Haftung für Hilfspersonen

Oft sind bei einem grösseren Vereinsanlass – zum Beispiel bei einem Turnier – ausser Vorstand oder Funktionärinnen und Funktionären noch viele «gewöhnliche» Vereinsmitglieder oder sogar Aussenstehende im Einsatz. Diese Personen sind keine Organe des Vereins, deren Taten als Handlungen des Vereins gelten. Sie sind nach dem Gesetz sogenannte Hilfspersonen. Richten sie gegenüber Dritten einen Schaden an, haftet der Verein nur dann, «wenn er nicht nachweist, dass er alle nach den Umständen gebotene Sorgfalt angewendet hat, um einen Schaden dieser Art zu verhüten, oder dass der Schaden auch bei Anwendung dieser Sorgfalt eingetreten wäre».

BEI DER VORBEREITUNG DES GROSSEN SOMMERFESTES erhalten die «Rocking Ice Devils» Unterstützung aus dem Umfeld des Clubs. Insbesondere kümmert sich ein befreundeter Gastronom um den Barbetrieb. Beim Aufstellen der Theke in den Mieträumlichkeiten unterläuft diesem ein Malheur – der Holzboden und der Verputz einer Wand werden arg beschädigt. Können die Vereinsverantwortlichen nachweisen, dass sie die Hilfsperson – in diesem Fall den Gastronomen, der die Bar einrichtete – sorgfältig ausgewählt, genau instruiert und überwacht haben, haftet der Plauschhockeyclub nicht für die Schäden. Die Vermieterschaft muss sich mit ihren Forderungen direkt an den Schadenverursacher halten. Dieser kann sich gegebenenfalls an seine Privathaftpflichtversicherung wenden.

Entlastung des Vorstands mittels Décharge

Der Vorstand legt üblicherweise an der alljährlich stattfindenden Hauptversammlung Rechenschaft ab über seine Tätigkeit und seine Geschäftsführung im abgelaufenen Vereinsjahr. Er legt der Versammlung seinen Jahresbericht und seine Jahresrechnung zur Abnahme vor und ersucht die Versammlung um Entlastung beziehungsweise um die Erteilung der Décharge. Erst wenn die Versammlung diese Entlastung gewährt, die Décharge also erteilt hat, sind die Vorstandsmitglieder nicht mehr persönlich haftbar für die Geschäfte im abgelaufenen Vereinsjahr (siehe dazu auch Seite 182).

Neben dem Vorstand können alle anderen Vereinsgremien – wie etwa das Sekretariat – in die Décharge einbezogen werden. Bei der Abstimmung darüber dürfen die Vorstandsmitglieder und alle anderen von der Décharge Betroffenen nicht mitstimmen.

HINWEIS *Die Décharge-Erteilung muss klar und ausdrücklich erfolgen. Damit erlöschen alle Verantwortlichkeitsansprüche des Vereins gegenüber dem Vorstand. Die Entlastung kann sich aber immer nur auf Tatsachen beziehen, die der Versammlung vollständig bekannt sind. Hat der Vorstand einen wichtigen Punkt bewusst verschleiert, kann er dafür auch später noch zur Rechenschaft gezogen werden.*

Anfechtung von Vereins- und Vorstandsbeschlüssen

Die Vereine sind demokratisch organisiert – die Mehrheit hat das Sagen. Gegen Vereinsbeschlüsse, die gegen das Gesetz oder die Statuten verstossen, kann sich allerdings jedes unterlegene Vereinsmitglied wehren.

Gibt es eine vereinsinterne Rekursmöglichkeit, gilt es, zuerst an diese Instanz zu gelangen. Eine solche Rekursinstanz muss in den Statuten festgelegt sein.

Als Mitglied können Sie gegen einen Beschluss klagen, wenn Sie dagegen waren, sich bei der betreffenden Abstimmung oder Wahl der Stimme enthalten oder gar nicht an der Versammlung teilgenommen haben. Haben Sie hingegen damals zugestimmt, sind Sie nicht klageberechtigt. Es sei denn, Sie haben Ihre Zustimmung unter dem Einfluss einer Drohung oder eines Irrtums abgegeben. Sogar Mitglieder, die beim angefochtenen Beschluss nicht stimmberechtigt waren oder generell kein Stimmrecht haben – insbesondere Passivmitglieder –, sind zur Klage zugelassen.

Als Anfechtungsgrund kommen einerseits Verstösse gegen das Gesetz – wohl primär des Vereinsrechts – oder gegen allgemeine Prinzipien der Rechtsordnung (zum Beispiel das Gebot von Treu und Glauben) infrage. Andererseits können Statutenverletzungen gerügt werden.

HINWEIS *Wenn der angefochtene Beschluss inhaltlich gegen das Gesetz oder die Statuten verstösst, ist der Fall klar – die Klage wird gutgeheissen. Bezieht sich die Klage hingegen auf das Zustandekommen des Beschlusses, muss das Gericht prüfen, ob der angefochtene Beschluss nur wegen der Verletzung von Formvorschriften zustande gekommen ist. Wenn beispielsweise der Stimmenzähler falsch gezählt hat, heisst das Gericht die Anfechtungsklage nur gut, wenn der Beschluss beim richtigen Abstimmungsergebnis keine Gültigkeit erlangt hätte.*

Klagen – wie geht das?

Sehen Ihre Statuten keine vereinsinterne Rekursinstanz vor, können klageberechtigte Mitglieder den betreffenden Beschluss innert Monatsfrist gerichtlich anfechten. Erste Instanz ist die am Vereinssitz zuständige Schlichtungsbehörde – je nach Kanton wie früher immer noch als Friedensrichteramt bezeichnet. Das bedeutet: In einem ersten Schritt versucht ein Schlichter respektive eine Friedensrichterin, in einer formlosen Verhandlung eine Einigung zwischen den Parteien zu erzielen. Erst wenn dies nicht gelingt, erhält das klagende Mitglied die sogenannte Klagebewilligung und kann die Angelegenheit vor das Amts- oder Bezirksgericht weiterziehen.

Grundidee des Schlichtungsverfahrens ist, zwischen den Parteien ohne juristisches Geplänkel eine Einigung zu erzielen. Dementsprechend müssen die Parteien – also das klagende Mitglied und ein zur Vertretung des Vereins ermächtigtes Vorstandsmitglied – persönlich erscheinen. Beide

Parteien dürfen sich von einer Anwältin oder einem Anwalt begleiten lassen. Erfahrungsgemäss ist das aber im Schlichtungsverfahren mit seinem formlosen Charakter nicht sinnvoll, sondern eher kontraproduktiv.

TIPP *Um die Anfechtung einzuleiten, müssen Sie keine professionelle Klageschrift einreichen. Die meisten Schlichtungsbehörden bieten online Formulare an, auf denen die klagenden Parteien ihr Rechtsbegehren auf einfache Art und Weise eingeben können. Im Zweifelsfall setzen Sie sich, bevor Sie das Schlichtungsgesuch einreichen, telefonisch mit der Behörde in Verbindung.*

Wann ist die Klagefrist eingehalten?

Die Klagefrist beginnt am Tag, nachdem das Mitglied vom Beschluss Kenntnis erhalten hat – für jemanden, der an der Versammlung anwesend war, also am Tag nach der Versammlung, für Abwesende, nachdem sie vom Beschluss erfahren haben.

Damit die Anfechtungsfrist eingehalten ist, muss die Klage am letzten Tag der Frist der Post übergeben werden. Der Poststempel ist massgebend; es reicht also nicht, wenn Sie die Klageschrift spätabends noch in einen Briefkasten werfen. Fällt der letzte Tag einer Frist auf einen Samstag, einen Sonntag oder einen am Gerichtsort anerkannten Feiertag, so endet sie am nächsten Werktag.

HINWEIS *Bei der Anfechtungsfrist handelt es sich um eine sogenannte Verwirkungsfrist – das bedeutet, dass sie vom Gericht nicht erstreckt werden kann. Mit anderen Worten: Wenn die Frist ungenutzt abläuft, ist der betreffende Beschluss endgültig. Es sei denn, er wäre sogar nichtig (siehe nebenan). Die Gerichte prüfen die Einhaltung der Frist von Amtes wegen. Ist die Anfechtung zu spät erfolgt, wird das Begehren abgelehnt.*

Welche Beschlüsse sind anfechtbar?

Anfechtbar sind primär Beschlüsse der Vereinsversammlung. Hat der Vorstand oder ein anderes Vereinsgremium – wie etwa ein Vereinsausschuss – die Kompetenz, bei einem Geschäft abschliessend und endgültig zu entscheiden, kann auch ein solcher Beschluss vor Gericht angefochten werden. Nicht anfechtbar sind Rechtsgeschäfte – also insbesondere Verträge, die der Verein mit Mitgliedern oder Dritten abschliesst. Hat der Vereinsvorstand einen Vertrag abgeschlossen, dessen Gegenstand ausserhalb des Vereinszwecks liegt, oder übersteigt der Abschluss die Kompetenzen des Vorstands, kann unter Umständen der Verein – nicht aber das einzelne Mitglied – vor Gericht klagen.

Nichtige Vereinsbeschlüsse

Beschlüsse können derart fehlerhaft sein, dass sie nichtig sind. Das bedeutet: Rein rechtlich werden diese Beschlüsse so betrachtet, als existierten sie gar nicht. Dementsprechend müssen nichtige Vereinsbeschlüsse auch nicht innert Monatsfrist angefochten werden. Das Gericht muss die Nichtigkeit jederzeit von Amtes wegen prüfen.

Als nichtig gelten Beschlüsse, die formell zwar einwandfrei zustande gekommen, inhaltlich aber mit schwerwiegenden Fehlern behaftet sind. Nichtig sind auch «Beschlüsse», die in Wirklichkeit wegen eines schweren Formfehlers gar keine Vereinsbeschlüsse darstellen. Folgende Beschlüsse wurden in der Praxis bereits als nichtig erklärt:

- Der Beschluss wird nicht von einer Vereinsversammlung, sondern von einzelnen Mitgliedern gefasst, die sich zufällig getroffen haben.
- Es findet zwar eine Generalversammlung statt; der Vorstand hat aber absichtlich nicht alle Mitglieder eingeladen.
- Die Mitgliederversammlung wird von einem Vereinsorgan einberufen, das dafür nicht zuständig ist.
- Die Versammlung ist nicht beschlussfähig – etwa weil die in den Statuten vorgeschriebene Mindestanzahl an Teilnehmern nicht erfüllt ist.
- Ein Beschluss hat eine unerlaubte Handlung – wie etwa eine Sachbeschädigung – zum Inhalt.
- Der Beschluss verletzt die Persönlichkeitsrechte der Mitglieder.

TIPP *Erfahrungsgemäss ist bei vielen Vereinsbeschlüssen nicht von Anfang an klar, ob sie nichtig oder «nur» anfechtbar sind. Im Zweifelsfall empfiehlt es sich deshalb, die Klage innert Monatsfrist beim zuständigen Gericht einzureichen.*

Statuten- und Zweckänderungen

Auch wenn die Statuten – quasi als Verfassung – das rechtliche Grundgerüst des Vereins bilden, sind sie nicht in Stein gemeisselt. Unantastbar sind hingegen die Regeln für Statutenänderungen sowie der Vereinszweck.

Statuten zu erlassen, zu revidieren oder aufzuheben, gehört zu den Kompetenzen der Vereinsversammlung, die ihr von Gesetzes wegen zustehen und die ihr auch durch die Statuten nicht entzogen werden dürfen. Ein Teil des Gründungsaktes für einen neuen Verein ist das Verabschieden der massgeschneiderten Statuten an der Gründungsversammlung. Die Erfahrungen im Vereinsleben zeigen vielleicht im Laufe der Zeit, dass eine oder mehrere Bestimmungen den veränderten Verhältnissen oder Bedürfnissen des Vereins angepasst werden müssen. Möglicherweise gibt es auch Regelungslücken oder überflüssige Bestimmungen.

Der Vorstand oder auch ein einzelnes Vereinsmitglied kann auf eine Mitgliederversammlung hin eine Statutenänderung vorschlagen. Wie für andere wichtige Beschlüsse müssen Sie als Vorstand auch hier darauf achten, die Termine für die gehörige Ankündigung der Versammlung und dieses Geschäfts einzuhalten. Unter Umständen ist in Ihren Vereinsstatuten auch eine qualifizierte Mehrheit für eine Statutenänderung vorgeschrieben – beispielsweise die Mehrheit aller im Verein Stimmberechtigten oder eine Zweidrittelmehrheit der an der Versammlung Anwesenden. Die vorgeschlagene Statutenänderung wird in diesem Fall nur rechtsgültig, wenn die Zustimmung mit der erforderlichen Mehrheit geschieht.

Für wichtige Statutenänderungen, die hitzige Debatten voraussehen lassen, laden Sie mit Vorteil zu einer ausserordentlichen Mitgliederversammlung ein. Legen Sie der Einladung die Änderungsvorschläge bei. Bei tiefgreifenden Änderungen oder gar einer Totalrevision empfiehlt es sich, eine übersichtliche Darstellung zu wählen. Zweckmässig ist es, je den alten und neuen Text einander gegenüberzustellen, die Änderungen hervorzuheben und mit einem Kommentar zu versehen. An der Versammlung stellen Sie die zu revidierenden Bestimmungen einzeln zur Diskussion. Gibt es zu einem Artikel keine Diskussion, gilt

dieser als angenommen. Wird Opposition laut und kommt es zu Gegen-
oder Abänderungsanträgen, muss über den umstrittenen Passus abgestimmt werden (Erläuterungen zum Abstimmungsverfahren finden Sie
auf Seite 118).

HINWEIS *Sind alle zu revidierenden Statutenbestimmungen durchberaten, braucht es zum Schluss eine Gesamtabstimmung über alle vorgeschlagenen Änderungen.*

Änderung oder Umwandlung des Vereinszwecks

Mitglieder treten einem Verein bei, weil sie sich mit dessen Zweck identifizieren. Dieser in den Statuten aufgeführte Vereinszweck ist von Gesetzes
wegen geschützt. Dessen Umwandlung kann keinem Mitglied aufgenötigt
werden. Die Umwandlung kann also nur vorgenommen werden, wenn
alle Mitglieder zustimmen – ausser in den Gründungsstatuten sei schon
eine mögliche Zweckumwandlung vorgesehen.

Eine Anpassung des Vereinszwecks an veränderte Verhältnisse oder an
neue Bedürfnisse der Mitglieder ist noch keine Zweckumwandlung. Nimmt
der Trägerverein einer Bibliothek, der laut seinen Statuten der Bevölkerung den Zugang zu Büchern ermöglichen will, auf Wunsch vieler Mitglieder auch Hör-CDs und DVDs in sein Angebot auf, ist eine solche Änderung des Vereinszwecks sicher zulässig, auch wenn der Zweckänderung
nicht alle Mitglieder zustimmen. Mit Zweckumwandlung ist eine krasse
Änderung gemeint. Damit wird die Identität, das Wesen des Vereins verändert – das wäre zum Beispiel der Fall, wenn die Mitglieder des Plauschhockeyclubs «Rocking Ice Devils» neu Unihockey statt Eishockey betreiben sollten.

HINWEIS *Ein Vereinsbeschluss auf Zweckumwandlung kann angefochten werden. Und jedes Mitglied, das mit dem neuen Zweck nicht einverstanden ist, hat das Recht, sofort aus wichtigem Grund aus dem Verein auszutreten.*

191

Versicherungen

Versicherungen spielen für jeden Verein eine wichtige Rolle. Als Verantwortliche tun Sie gut daran, sich je nach Art der Aktivitäten und Verpflichtungen Ihres Vereins damit auseinanderzusetzen.

Der Vorstand ist dafür verantwortlich, dass der Verein über einen ausreichenden Versicherungsschutz verfügt und dass die gesetzlichen Vorschriften – gerade auch im Bereich der Sozialversicherungen, wenn der Verein als Arbeitgeber auftritt – eingehalten werden.

TIPP Bei Versicherungsfragen lohnt sich die Zusammenarbeit mit erfahrenen, unabhängigen Versicherungsberatern. Vielleicht hat der Dachverband, dem Ihr Verein angeschlossen ist, Pauschalverträge mit einem Versicherer abgeschlossen, die auch die Risiken der Sektionen einschliessen. Nachfragen bei der Geschäftsstelle lohnt sich.

Haftpflichtversicherung

Diese Versicherung deckt Schäden, die der Verein beziehungsweise seine Mitglieder im Rahmen der Vereinsaktivitäten Dritten gegenüber verursachen. Die Vereinshaftpflichtversicherung erstreckt sich sowohl auf die statutarischen Aktivitäten des versicherten Vereins wie auch auf die Organisation und Durchführung von Anlässen, die normalerweise periodisch stattfinden. Für Grossanlässe, die den Rahmen der üblichen Vereinstätigkeiten übertreffen, ist eine spezielle Veranstaltungsversicherung notwendig.

Gehört dem Verein ein Clubhaus, ist er als sogenannter Werkeigentümer haftpflichtig und muss daher entsprechend versichert sein.

Sachversicherungen

Zu den Sachversicherungen gehören die Gebäudeversicherung – falls Ihr Verein Eigentümer von Immobilien ist – und die Mobiliarversicherung für das Vereinsinventar (beispielsweise die IT-Anlage, Musikinstrumente oder Sportgeräte). Versicherbar sind Feuer-, Elementar-, Wasser- und Diebstahlschäden. Zusätzlich können Glasbruchschäden eingeschlossen werden.

Rechtsschutzversicherung

Die Rechtsschutzversicherung schützt den Verein vor Kosten, die durch Gerichtsverfahren entstehen. Informieren Sie sich genau über die Versicherungsbedingungen und vergleichen Sie die Leistungen verschiedener Anbieter. Oft wird vom Abschluss einer Rechtsschutzversicherung abgeraten, weil der Anwendungsbereich limitiert ist.

Fahrzeugversicherungen

Bei den Fahrzeugversicherungen handelt es sich um die üblichen Versicherungen für Fahrzeughalter und Fahrzeughalterinnen. Sie kommen zum Tragen, wenn Ihr Verein zum Beispiel einen eigenen Mannschaftsbus besitzt, und decken Haftpflicht sowie allenfalls Kasko und Insassenunfall.

Unfallversicherung

Eine Unfallversicherung ist für die Angestellten Ihres Vereins obligatorisch – auch gegen Nichtberufsunfälle, wenn die angestellten Personen acht Stunden pro Woche und mehr arbeiten. Für Vereinsmitglieder kann eine Zusatzversicherung zur persönlichen obligatorischen Unfallversicherung – unter anderem für zusätzliche Heilungskosten oder erweiterte Invaliditätsleistungen – abgeschlossen werden.

Sozialversicherungen

AHV/IV/EO/ALV, berufliche Vorsorge, Krankentaggeld – von diesen Sozialversicherungen sind vorrangig die Angestellten Ihres Vereins betroffen. Werden auch Ehrenamtliche oder Funktionärinnen im Nebenerwerb entlöhnt oder entschädigt, müssen die gesetzlichen Bestimmungen unbedingt eingehalten werden. Detaillierte Informationen zum Thema Sozialversicherungen finden Sie auf der Internetseite des Bundesamtes für Sozialversicherung (BSV; www.bsv.admin.ch).

HINWEIS *Der Vereinsvorstand ist dafür verantwortlich, dass die Sozialversicherungsbeiträge vom Lohn abgezogen und an die Ausgleichskasse weitergeleitet werden. Kommt er dieser Pflicht nicht nach, haften die Vorstandsmitglieder gemäss AHV-Gesetz für diese Beiträge – wenn das Vereinsvermögen nicht ausreicht – solidarisch mit ihrem Privatvermögen.*

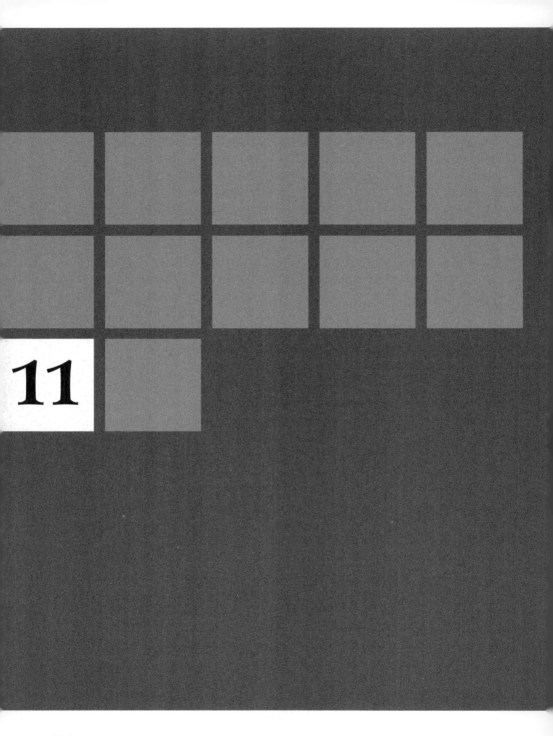

11

Vereinsauflösung

Zwar entstehen immer wieder neue Vereine, es kann aber auch zu Vereinsauflösungen kommen. Akuter Mitgliederschwund, Zahlungsunfähigkeit, Gesetzeswidrigkeit oder ein Beschluss der Mitgliederversammlung können zu diesem Schritt führen.

Schlusspunkt Liquidation

Im Gegensatz zur Gründung eines Vereins ist die Auflösung ein etwas längerer Prozess. Am Schluss steht das Erlöschen des Vereins.

So viele Vereine mit unterschiedlichen Zwecken existieren, so viele Gründe gibt es, einen Verein wieder aufzulösen. Doch alle Fälle haben etwas gemeinsam: Erst wenn das Vereinsvermögen liquidiert ist, hat der Verein seine Rechtspersönlichkeit verloren.

Gründe für eine Vereinsauflösung

Ein Verein kann jederzeit durch einen Vereinsbeschluss aufgelöst werden. In den Statuten darf nicht festgelegt sein, der Verein sei «unauflösbar». Eine solche Bestimmung würde gegen die Vereinsautonomie verstossen. Meist wird der Verein aus einem der folgenden Gründe aufgelöst:

- Der Vereinszweck ist erfüllt.
- Es sind alle gesteckten Ziele erreicht.
- Der Zweck entspricht keinem Bedürfnis mehr.
- Der Verein wurde durch die gesellschaftliche Entwicklung überflüssig.

HINWEIS *Für die Auflösung ist die Vereinsversammlung zuständig; dieses Recht kann ihr nicht entzogen werden. Der Auflösungsbeschluss muss statuten- und gesetzeskonform sein. Gibt es dazu in den Statuten keine besondere Vorschrift (zum Beispiel eine Zweidrittelmehrheit aller Mitglieder), kann der Beschluss mit der Mehrheit der Stimmen der anwesenden Mitglieder gefasst werden.*

Automatische Auflösung

Häufig wird für die Planung und Durchführung eines speziellen Anlasses (Stadtfest, Festival, Turnfest) ein Organisationskomitee in der Rechtsform eines Vereins gegründet. In den Statuten wird dann bereits festgehalten, dass sich der Verein nach Abschluss aller Arbeiten automatisch wieder auflöst.

Auflösung wegen Zahlungsunfähigkeit

Laufen in einem Verein die Finanzen aus dem Ruder, droht die Auflösung: Das Vereinsrecht bestimmt, dass ein nicht mehr zahlungsfähiger Verein aufgelöst wird. Zahlungsunfähigkeit liegt vor, wenn der Verein nicht mehr liquid ist, seine fälligen Geldverbindlichkeiten also nicht mehr mit Zahlungen aus seiner Kasse, seinem Post- oder Bankkonto oder mit kurzfristig aufzutreibendem Geld begleichen kann. Wenn die Passiven die Aktiven übersteigen, der Verein mit anderen Worten überschuldet ist, kann er trotzdem noch zahlungsfähig sein. Bei grosser Überschuldung und mangelnder Aussicht auf finanzielle Gesundung muss der Vorstand eine Vereinsversammlung einberufen und über die Lage informieren. Findet sich an dieser Zusammenkunft keine zusätzliche Geldquelle, wird die Versammlung die Auflösung des Vereins beschliessen müssen.

Geht der Vorstand trotz Überschuldung weitere finanzielle Verpflichtungen ein, können die Vorstandsmitglieder später persönlich zur Verantwortung gezogen werden. Das endgültige Aus des Vereins ist besiegelt, wenn über ihn der Konkurs eröffnet werden muss.

Auflösung wegen fehlender Vorstandsmitglieder

Das Gesetz schreibt keine Mindestzahl von Vereinsmitgliedern vor. Darum kann ein Verein auch existieren, wenn er nur (noch) wenige Mitglieder zählt. Kann der Vorstand aber nicht mehr so bestellt werden, wie es die Statuten vorschreiben, führt dies zwingend zur Auflösung des Vereins.

Sinkt die Zahl der Vorstandsmitglieder nur vorübergehend, droht nicht gleich das Aus. Die Vereinsversammlung kann mit einer Statutenänderung die Zahl der Vorstandsmitglieder verkleinern, notfalls bis auf eine einzige Person, die Präsidentin oder den Präsidenten. Scheitert auch dieser Rettungsversuch, braucht es einen formellen Auflösungsbeschluss durch die Vereinsversammlung oder durch das Gericht.

Auflösung wegen widerrechtlichen oder unsittlichen Vereinszwecks

Vereine dürfen weder einen widerrechtlichen noch unsittlichen Zweck verfolgen. Verstösst der Vereinszweck von Anfang an gegen zwingendes Recht oder gegen das sittliche Volksempfinden, so erlangt der Verein gar keine Rechtspersönlichkeit und gilt als nicht gegründet. Entspricht der Zweck bei der Gründung auf dem Papier dem geltenden Recht, wird dieser Zweck in der Praxis aber dauernd mit widerrechtlichen Mitteln verfolgt, kann das Gericht auf Klage der zuständigen Behörde oder eines Beteiligten hin den Verein auflösen.

Wohin mit dem Vereinsvermögen?

Je nach Auflösungsgrund sind die Folgen unterschiedlich: Wird der Verein wegen unsittlicher oder widerrechtlicher Zweckverfolgung durch das Gericht aufgehoben, so fällt das Vermögen an das Gemeinwesen – auch wenn in den Vereinsstatuten etwas anderes bestimmt worden ist.

Bei einem Konkurs wird auch für einen Verein das Schuldbetreibungs- und Konkursrecht angewendet. In den übrigen Fällen wird ein Verein privatrechtlich liquidiert – nach den entsprechenden Bestimmungen über die Genossenschaften.

Die Vereinsversammlung hat die für die Liquidation zuständigen Personen zu bestimmen – in der Regel Vorstandsmitglieder. Sie müssen nun die Liquidation systematisch durchführen: die laufenden Geschäfte beenden, ausstehende Mitgliederbeiträge und Forderungen des Vereins an Dritte einziehen, verbleibende Aktiven verwerten, Gläubiger mit eingeschriebenem Brief oder Aufruf im Handelsblatt auffordern, ihre Ansprüche geltend zu machen, Schulden zurückzahlen und einen Schlussbericht sowie eine Schlussrechnung erstellen.

HINWEIS *Ist Ihr Verein im Handelsregister eingetragen, müssen Sie sofort die Registerführung informieren, damit Ihrem Vereinseintrag der Zusatz «in Liquidation» beigefügt wird. Auch das Ende der Liquidation müssen Sie anzeigen, damit der Handelsregistereintrag gelöscht wird. Nach dieser Löschung ist die Rechtspersönlichkeit Ihres Vereins erloschen.*

Bleibt ein Jahr nach Erscheinen des letzten Schuldenaufrufs im Handelsblatt noch Vermögen übrig, wird es nach den Bestimmungen in den Statuten verwendet. Fehlt eine entsprechende Regelung, können die zuständigen Vereinsorgane – meist die Vereinsversammlung – frei darüber bestimmen. Wird kein Beschluss gefasst, fällt das Vermögen an das Gemeinwesen (Bund, Kanton oder Gemeinde). Dieses muss das Vermögen möglichst dem Vereinszweck entsprechend verwenden.

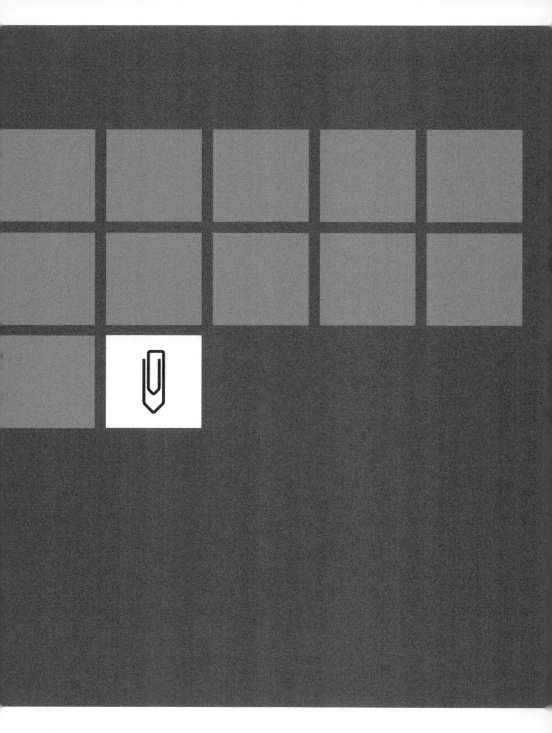

Anhang

Vereinsrecht im Zivilgesetzbuch (ZGB)

Gründung und Eintragung

Art. 60

A. Gründung
I. Körperschaftliche Personenverbindung

[1] Vereine, die sich einer politischen, religiösen, wissenschaftlichen, künstlerischen, wohltätigen, geselligen oder andern nicht wirtschaftlichen Aufgabe widmen, erlangen die Persönlichkeit, sobald der Wille, als Körperschaft zu bestehen, aus den Statuten ersichtlich ist.

[2] Die Statuten müssen in schriftlicher Form errichtet sein und über den Zweck des Vereins, seine Mittel und seine Organisation Aufschluss geben.

Art. 61

II. Eintragung ins Handelsregister

[1] Sind die Vereinsstatuten angenommen und ist der Vorstand bestellt, so ist der Verein befugt, sich in das Handelsregister eintragen zu lassen.

[2] Der Verein ist zur Eintragung verpflichtet, wenn er:

1. für seinen Zweck ein nach kaufmännischer Art geführtes Gewerbe betreibt;

2. revisionspflichtig ist.

[3] Der Anmeldung sind die Statuten und das Verzeichnis der Vorstandsmitglieder beizufügen.

Art. 62

III. Vereine ohne Persönlichkeit

Vereine, denen die Persönlichkeit nicht zukommt, oder die sie noch nicht erlangt haben, sind den einfachen Gesellschaften gleichgestellt.

Art. 63

IV. Verhältnis der Statuten zum Gesetz

[1] Soweit die Statuten über die Organisation und über das Verhältnis des Vereins zu seinen Mitgliedern keine Vorschriften aufstellen, finden die nachstehenden Bestimmungen Anwendung.

[2] Bestimmungen, deren Anwendung von Gesetzes wegen vorgeschrieben ist, können durch die Statuten nicht abgeändert werden.

Die Vereinsversammlung

Art. 64

B. Organisation
I. Vereinsversammlung
1. Bedeutung und Einberufung

[1] Die Versammlung der Mitglieder bildet das oberste Organ des Vereins.

[2] Sie wird vom Vorstand einberufen.

[3] Die Einberufung erfolgt nach Vorschrift der Statuten und überdies von Gesetzes wegen, wenn ein Fünftel der Mitglieder die Einberufung verlangt.

Art. 65

2. Zuständigkeit

[1] Die Vereinsversammlung beschliesst über die Aufnahme und den Ausschluss von Mitgliedern, wählt den Vorstand und entscheidet in allen Angelegenheiten, die nicht andern Organen des Vereins übertragen sind.

[2] Sie hat die Aufsicht über die Tätigkeit der Organe und kann sie jederzeit abberufen, unbeschadet der Ansprüche, die den Abberufenen aus bestehenden Verträgen zustehen.

[3] Das Recht der Abberufung besteht, wenn ein wichtiger Grund sie rechtfertigt, von Gesetzes wegen.

Vereinsbeschlüsse

Art. 66

3. Vereinsbeschluss
a. Beschlussfassung

[1] Vereinsbeschlüsse werden von der Vereinsversammlung gefasst.

[2] Die schriftliche Zustimmung aller Mitglieder zu einem Antrag ist einem Beschlusse der Vereinsversammlung gleichgestellt.

Art. 67

b. Stimmrecht und Mehrheit

[1] Alle Mitglieder haben in der Vereinsversammlung das gleiche Stimmrecht.

[2] Die Vereinsbeschlüsse werden mit Mehrheit der Stimmen der anwesenden Mitglieder gefasst.

[3] Über Gegenstände, die nicht gehörig angekündigt sind, darf ein Beschluss nur dann gefasst werden, wenn die Statuten es ausdrücklich gestatten.

Art. 68

c. Ausschliessung vom Stimmrecht

Jedes Mitglied ist von Gesetzes wegen vom Stimmrechte ausgeschlossen bei der Beschlussfassung über ein Rechtsgeschäft oder einen Rechtsstreit zwischen ihm, seinem Ehegatten oder einer mit ihm in gerader Linie verwandten Person einerseits und dem Vereine anderseits.

Der Vorstand

Art. 69

Der Vorstand hat das Recht und die Pflicht, nach den Befugnissen, die die Statuten ihm einräumen, die Angelegenheiten des Vereins zu besorgen und den Verein zu vertreten.

Art. 69 a

Der Vorstand führt Buch über die Einnahmen und Ausgaben sowie über die Vermögenslage des Vereins. Ist der Verein zur Eintragung in das Handelsregister verpflichtet, so finden die Vorschriften des Obligationenrechts über die kaufmännische Buchführung Anwendung.

Art. 69 b

[1] Der Verein muss seine Buchführung durch eine Revisionsstelle ordentlich prüfen lassen, wenn zwei der nachstehenden Grössen in zwei aufeinander folgenden Geschäftsjahren überschritten werden:

1. Bilanzsumme von 10 Millionen Franken;

2. Umsatzerlös von 20 Millionen Franken;

3. 50 Vollzeitstellen im Jahresdurchschnitt.

[2] Der Verein muss seine Buchführung durch eine Revisionsstelle eingeschränkt prüfen lassen, wenn ein Vereinsmitglied, das einer persönlichen Haftung oder einer Nachschusspflicht unterliegt, dies verlangt.

[3] Die Vorschriften des Obligationenrechts über die Revisionsstelle bei Aktiengesellschaften sind entsprechend anwendbar.

[4] In den übrigen Fällen sind die Statuten und die Vereinsversammlung in der Ordnung der Revision frei.

Art. 69 c

[1] Fehlt dem Verein eines der vorgeschriebenen Organe, so kann ein Mitglied oder ein Gläubiger dem Gericht beantragen, die erforderlichen Massnahmen zu ergreifen.

[2] Das Gericht kann dem Verein insbesondere eine Frist zur Wiederherstellung des rechtmässigen Zustandes ansetzen und, wenn nötig, einen Sachwalter ernennen.

[3] Der Verein trägt die Kosten der Massnahmen. Das Gericht kann den Verein verpflichten, den ernannten Personen einen Vorschuss zu leisten.

[4] Liegt ein wichtiger Grund vor, so kann der Verein vom Gericht die Abberufung von Personen verlangen, die dieses eingesetzt hat.

Vereine haben Mitglieder

Art. 70

C. Mitgliedschaft
I. Ein- und Austritt

[1] Der Eintritt von Mitgliedern kann jederzeit erfolgen.

[2] Der Austritt ist von Gesetzes wegen zulässig, wenn er mit Beobachtung einer halbjährigen Frist auf das Ende des Kalenderjahres oder, wenn eine Verwaltungsperiode vorgesehen ist, auf deren Ende angesagt wird.

[3] Die Mitgliedschaft ist weder veräusserlich noch vererblich.

Mitglieder müssen Beiträge bezahlen

Art. 71

II. Beitragspflicht

Beiträge können von den Mitgliedern verlangt werden, sofern die Statuten dies vorsehen.

Die Ausschliessung eines Mitglieds

Art. 72

III. Ausschliessung

[1] Die Statuten können die Gründe bestimmen, aus denen ein Mitglied ausgeschlossen werden darf, sie können aber auch die Ausschliessung ohne Angabe der Gründe gestatten.

[2] Eine Anfechtung der Ausschliessung wegen ihres Grundes ist in diesen Fällen nicht statthaft.

[3] Enthalten die Statuten hierüber keine Bestimmung, so darf die Ausschliessung nur durch Vereinsbeschluss und aus wichtigen Gründen erfolgen.

Art. 73

IV. Stellung
ausgeschiedener
Mitglieder

[1] Mitglieder, die austreten oder ausgeschlossen werden, haben auf das Vereinsvermögen keinen Anspruch.

[2] Für die Beiträge haften sie nach Massgabe der Zeit ihrer Mitgliedschaft.

Änderung des Vereinszwecks

Art. 74

V. Schutz des
Vereinszweckes

Eine Umwandlung des Vereinszweckes kann keinem Mitgliede aufgenötigt werden.

Gegen gesetzeswidrige Beschlüsse kann sich jedes Mitglied wehren

Art. 75

VI. Schutz der
Mitgliedschaft

Beschlüsse, die das Gesetz oder die Statuten verletzen, kann jedes Mitglied, das nicht zugestimmt hat, von Gesetzes wegen binnen Monatsfrist, nachdem es von ihnen Kenntnis erhalten hat, beim Gericht anfechten.

Art. 75 a

Cbis. Haftung

Für die Verbindlichkeiten des Vereins haftet das Vereinsvermögen. Es haftet ausschliesslich, sofern die Statuten nichts anderes bestimmen.

Die Auflösung des Vereins

Art. 76

D. Auflösung
I. Auflösungsarten
1. Vereinsbeschluss

Die Auflösung des Vereins kann jederzeit durch Vereinsbeschluss herbeigeführt werden.

Art. 77

2. Von Gesetzes wegen

Die Auflösung erfolgt von Gesetzes wegen, wenn der Verein zahlungsunfähig ist, sowie wenn der Vorstand nicht mehr statutengemäss bestellt werden kann.

Art. 78

3. Urteil

Die Auflösung erfolgt durch das Gericht auf Klage der zuständigen Behörde oder eines Beteiligten, wenn der Zweck des Vereins widerrechtlich oder unsittlich ist.

Art. 79

II. Löschung des
Registereintrages

Ist der Verein im Handelsregister eingetragen, so hat der Vorstand oder das Gericht dem Registerführer die Auflösung behufs Löschung des Eintrages mitzuteilen.

Musterstatuten

Statuten des Plauschhockeyclubs «Rocking Ice Devils»

Art. 1   Name und Sitz
Unter dem Namen «Rocking Ice Devils» besteht ein Verein im Sinne von Art. 60 ff. ZGB mit Sitz in Zürich.

Art. 2   Zweck
Der Verein bezweckt die Ausübung von Eishockey zum Vergnügen und zur Geselligkeit. Dementsprechend bilden die Aktivmitglieder des Vereins (Art. 3) eine Plauschhockeymannschaft, die Trainings, Freundschaftsspiele und Plauschturniere bestreitet.

Art. 3   Mitgliedschaft
Der Verein setzt sich zusammen aus Aktiv- und Passivmitgliedern.
Als Aktivmitglieder und somit Spieler der Plauschhockeymannschaft können nur natürliche Personen aufgenommen werden. Die Zahl der Aktivmitglieder ist auf 20 Personen (15 Feldspieler, 1 Torhüter, 1 Schiedsrichter und 3 Ersatzspieler) beschränkt.
Passivmitglieder sind Freunde und Gönner der «Rocking Ice Devils»; es können natürliche und juristische Personen sein. Passivmitglieder haben kein Stimmrecht.
Die Aufnahme von Neumitgliedern kann jederzeit erfolgen, bei Aktivmitgliedern jedoch nur, wenn die maximale Anzahl von 20 Personen nicht ausgeschöpft ist.
Aufnahmegesuche sind an den Vorstand zu richten, der die Gesuche der Generalversammlung zur Gutheissung oder Ablehnung unterbreitet.
Der Austritt aus dem Verein ist jederzeit möglich und muss dem Vorstand schriftlich mitgeteilt werden. Für das angebrochene Jahr ist jedoch der volle Jahresbeitrag geschuldet. Ein Mitglied kann auf Antrag des Vorstands durch Beschluss der Generalversammlung ohne Angabe von Gründen ausgeschlossen werden.

Art. 4   Finanzierung
Die Einnahmequellen des Vereins sind:
- Mitgliederbeiträge der Aktiv- und Passivmitglieder
- Sponsoring
- Spenden
- Erlöse aus Veranstaltungen

Die Jahresbeiträge der Aktiv- und Passivmitglieder werden jährlich an der Generalversammlung festgelegt.
Nach Prüfung der Verhältnisse kann der Vorstand wegen Krankheit, Arbeitslosigkeit oder anderer wichtiger Gründe dem betroffenen Mitglied den Betrag während der massgeblichen Periode reduzieren oder gänzlich erlassen.

Art. 5 Organisation

Organe des Vereins sind:

- die Generalversammlung (GV)
- der Vorstand
- die Revision

Die Organe des Vereins sind ehrenamtlich tätig und haben grundsätzlich nur Anspruch auf Entschädigung ihrer effektiven Spesen und Barauslagen.

Art. 6 Generalversammlung (GV)

Die ordentliche GV findet einmal pro Jahr nach Abschluss der Eishockeysaison statt.
Der Vorstand lädt die Mitglieder schriftlich und unter Angabe der Traktanden spätestens 20 Tage im Voraus zur GV ein. Für die Aktivmitglieder ist die Teilnahme obligatorisch. Anträge der Mitglieder müssen dem Vorstand mindestens 10 Tage vor der GV schriftlich zugestellt werden.
Die Einberufung einer ausserordentlichen GV kann der Vorstand oder ein Fünftel der Mitglieder unter Angabe des Zwecks verlangen.

Art. 7 Aufgaben der GV

Der Generalversammlung obliegen folgende Geschäfte:

- Genehmigung des Protokolls der letzten GV
- Abnahme des Jahresberichts, der Jahresrechnung und des Revisionsberichts
- Bewilligung des Budgets für das kommende Vereinsjahr
- Festsetzung der Jahresbeiträge
- Änderung der Statuten
- Wahl des Vorstands und der Revisoren
- Aufnahme und Ausschluss von Mitgliedern
- Beschlussfassung über Anträge der Mitglieder und des Vorstands
- Auflösung des Vereins

Art. 8 Vorstand

Der Vorstand besorgt die laufenden Geschäfte und vertritt den Verein nach aussen. Die Amtsdauer beträgt ein Jahr; Wiederwahl ist möglich. Der Vorstand besteht aus höchstens fünf Mitgliedern. Er konstituiert sich – abgesehen von der Wahl des Präsidenten – selbst. Der Präsident besorgt die laufenden Geschäfte, die ihm der Vorstand überträgt. Er leitet die Vorstandssitzungen und die GV.

Art. 9 Revision

Die GV wählt aus den Reihen der Mitglieder einen Revisor für die Dauer eines Vereinsjahres. Der Revisor prüft die Buchhaltung und die Jahresrechnung. Als Ergebnis seiner Buchprüfung erstellt der Revisor einen Bericht zuhanden der GV.

Art. 10   Haftung

Für die Verbindlichkeiten des Vereins haftet ausschliesslich das Vereinsvermögen.
Die Haftung der Mitglieder ist beschränkt auf den Jahresbeitrag.

Art. 11   Auflösung

Die Auflösung des Vereins kann durch Beschluss einer ausserordentlichen, zu diesem
Zweck einberufenen Generalversammlung und mit dem Stimmenmehr von zwei Dritteln
der anwesenden Mitglieder beschlossen werden.
Nach der durchgeführten Auflösung ist das verbleibende Vereinsvermögen den «ZSC
Lions» als Spende zur Nachwuchsförderung zukommen zu lassen. Die Verteilung unter
den Mitgliedern ist ausgeschlossen.

Vorlage für Gründungsprotokoll

Protokoll
der Gründungsversammlung des Vereins ((Name)), mit Sitz in ((Ort))

Datum und Zeit: ((...))
Ort: ((...))
Anwesend: ((...))
Vorsitz: ((...))
Protokoll: ((...))

Traktanden: 1. Formelles
                  2. Gründungsbeschluss
                  3. Genehmigung der Statuten
                  4. Wahl des Vorstands und der Revisionsstelle

1. Formelles
Als Vorsitzende/r der Versammlung wird ((Name)), als Protokollführer/-in ((Name)) gewählt.

2. Gründungsbeschluss
Der Versammlung beschliesst, unter dem Namen
((Name))
einen Verein gemäss Art. 60ff. ZGB mit Sitz in ((Ort)) zu gründen.

3. Genehmigung der Statuten
Die Versammlung genehmigt den vorliegenden Statutenentwurf und legt ihn als gültige Statuten des Vereins fest.

4. Wahl des Vorstands und der Revisionsstelle
Als Mitglieder des Vorstands werden gewählt:
((Namen))
Alle Gewählten erklären Annahme der Wahl.

Gemäss Art. ((Ziffer)) der Statuten wird das Präsidium durch die Generalversammlung (GV) bestimmt. Dementsprechend wählt die GV ins Präsidium:
((Name))

Im Übrigen konstituiert sich der Vorstand gemäss Art. ((Ziffer)) der Statuten selbst und bestimmt die zeichnungsberechtigten Personen und die Art deren Zeichnung.

Als Revisionsstelle wird gewählt
((Name/n))
Die Wahlannahmeerklärung der Revisionsstelle liegt vor.

((Unterschrift Vorsitzende/r))   ((Unterschrift Protokollführer/-in))

Muster für eine Geschäfts-ordnung

1. Einladungen

Das Präsidium lädt die Aktiv- und Passivmitglieder schriftlich zur Generalversammlung (GV) ein. Die Einladung und die Traktandenliste müssen mindestens 20 Tage vor dem Versammlungstermin bei den Mitgliedern eintreffen.

2. Traktandenliste

Die Traktandenliste wird vom Präsidium im Einvernehmen mit dem Vorstand erstellt und von der GV genehmigt. Im Normalfall setzt sich die Traktandenliste wie folgt zusammen:

1. Feststellung der Präsenz
2. Wahl der Stimmenzähler
3. Genehmigung der Traktandenliste
4. Genehmigung des Protokolls der letzten GV
5. Vereinsgeschäfte (Jahresbericht/-rechnung, Budget, Jahresbeiträge)
6. Wahlen (Vorstand, Präsidium und Revisoren)
7. Aufnahme und Ausschluss von Mitgliedern
8. evtl. Anträge der Mitglieder
9. Diverses

3. Leitung der GV

Das Präsidium eröffnet und leitet die Versammlung. Im Verhinderungsfall übernimmt das Vizepräsidium die Leitung.

Zum geordneten Ablauf der Versammlung stehen der Leitung folgende Rechte zu:

- Ermahnung bei Ausschweifungen und Störungen
- Einführung einer Redezeitbeschränkung
- Wortentzug und Wegweisung (nur in begründeten Fällen)

4. Protokoll

Das Präsidium muss die Protokollführung sicherstellen. Das Versammlungsprotokoll soll mindestens folgende Informationen enthalten:

- Namen der anwesenden und entschuldigten Mitglieder
- Namen der Gäste
- Anträge, die von Mitgliedern eingegangen sind
- Abänderungs-, Zusatz-, Streichungs- und Gegenanträge
- Beschlüsse und Abstimmungsergebnisse
- Wahlresultate
- Diskussionsverlauf (Argumente und ausdrücklich zu Protokoll gegebene Erklärungen)

Das Protokoll wird jeweils mit der Einladung zur nächsten GV allen Mitgliedern zugestellt. Es wird an der nächsten Versammlung mit allfälligen Ergänzungen und Änderungen genehmigt.

5. Ablauf der Versammlung

Die Geschäfte der GV werden in der Reihenfolge abgewickelt, wie sie auf der Traktandenliste aufgeführt sind, es sei denn, die Versammlung beschliesse eine Änderung.

Damit die GV beschlussfähig ist, muss mindestens die Hälfte der Aktivmitglieder anwesend sein.

Bei umfangreichen Geschäften ist zuerst über die Frage des Eintretens zu beraten und zu beschliessen. Wird Eintreten beschlossen, folgt die materielle Beratung. Auf Antrag kann die Versammlung auch beschliessen, die Vorlage als Ganzes zu beraten. Beschliesst die Versammlung Nichteintreten, gilt das Geschäft als erledigt.

In der materiellen Beratung kann jedes Mitglied Änderungen, Streichungen oder Zusätze beantragen.

6. Abstimmungen und Wahlen

Aktives Stimm- und Wahlrecht haben nur die Aktivmitglieder des Vereins. Niemand kann sich bei der Stimmabgabe vertreten lassen.

Sofern diese Geschäftsordnung nichts anderes vorsieht, entscheidet das absolute Mehr der anwesenden Aktivmitglieder.

Wahlen erfolgen offen. Auf Verlangen eines Mitglieds kann mit Zweidrittelmehr die geheime Wahl beschlossen werden. Gewählt ist, wer das absolute Mehr erreicht. Erreichen mehr Kandidaten das absolute Mehr, als Sitze zu vergeben sind, entscheidet die Stimmenzahl. Erreichen zu wenige Kandidaten das absolute Mehr, ist für die noch freien Sitze ein zweiter Wahlgang erforderlich. Im zweiten Wahlgang gilt als gewählt, wer am meisten Stimmen hat. Bei Stimmengleichheit entscheidet das Los.

Vor einer Abstimmung stellt das Präsidium die vorliegenden Anträge zusammen und schlägt den Abstimmungsmodus vor. Über Anträge, die voneinander unabhängig sind, wird in ihrer zeitlichen Reihenfolge abgestimmt. Über Unterabänderungsanträge ist vor den Abänderungsanträgen und über diese vor den Hauptanträgen zu entscheiden.

Wer für einen Unterabänderungsantrag stimmt, ist nicht verpflichtet, dem Abänderungsantrag zuzustimmen. Dasselbe gilt im Verhältnis von Abänderungsantrag und Hauptantrag.

Stehen einander mehr als zwei Hauptanträge gegenüber, werden sie nebeneinander ins Mehr gesetzt; jedes Mitglied kann nur für einen Antrag stimmen. Enthält in der ersten Abstimmung kein Hauptantrag die absolute Mehrheit der anwesenden Aktivmitglieder, wird darüber abgestimmt, welcher von den zwei Anträgen, die am wenigsten Stimmen erhielten, aus der Abstimmung fällt. Dann wird die Abstimmung in gleicher Weise über die verbleibenden Anträge fortgesetzt, bis einer von ihnen obsiegt.

Über das gesamte Geschäft wird in einer Schlussabstimmung entschieden.
Ordnungsanträge zur Verhandlung, Abstimmung oder Wahl (Nichteintreten, Reihenfolge,
Verschiebung, Unterbruch, Rückkommen etc.) können jederzeit gestellt werden. Die
laufende Verhandlung wird unterbrochen, und es wird sofort über den Ordnungsantrag
diskutiert und abgestimmt.
Ordnungsanträge auf Rückkommen sowie auf Nichteintreten auf ein Geschäft bedürfen
einer Zweidrittelmehrheit, alle übrigen nur eines einfachen Mehrs.

7. Revision

Diese Geschäftsordnung kann jederzeit ganz oder teilweise mit einfachem Mehr revidiert
werden.

Muster für ein Vorstands-reglement

Vorstandsreglement des Vereins «Fussballfreunde Schweiz»

1. Leitlinien der Führung

- Wir führen zielgerichtet und kooperativ.
- Wir tragen Mehrheitsbeschlüsse des Vorstands loyal mit und treten nach aussen und innen geschlossen auf.
- Wir richten unsere Führung und Organisation nach den Erfordernissen der verschiedenen Kulturen in unserem Verein aus. Dabei sind für uns die Bedürfnisse und Erwartungen unserer Mitglieder, aber auch der breiten Öffentlichkeit massgebend – sowie unser Motto «Fussballfreunde Schweiz – Freude und Erfahrungen fürs Leben».
- Wir gewährleisten eine wirkungsvolle und kompetente Vorstandsarbeit.
- Wir arbeiten ehrenamtlich und verpflichten uns zu kontinuierlicher Weiterbildung.
- Wo es sinnvoll und finanziell möglich ist, lagern wir Aufgaben aus oder engagieren Fachleute, die wir angemessen bezahlen.
- Wir planen unsere Vorhaben nach den Vorgaben unseres Leitbilds.
- Mit dem jeweiligen Jahresbudget erarbeiten wir die Jahresplanung für alle unsere Aktivitäten.

2. Organisation des Vorstands

2.1. Funktion und Aufgaben des Vorstands

Führung und Vertretung
Der Vorstand ist das Führungsorgan des Vereins. Er vertritt die «Fussballfreunde Schweiz» nach aussen und ist gegenüber der Generalversammlung verantwortlich.

Zusammensetzung
Der Vorstand setzt sich aus 5 bis 7 Mitgliedern zusammen.

Wahl und Amtsdauer
Die Wahl der Vorstandsmitglieder erfolgt durch die Generalversammlung für eine Amtsdauer von 2 Jahren; Wiederwahl ist möglich. Die maximale Amtszeit ist auf 10 Jahre beschränkt.

Konstitution
Mit Ausnahme des Präsidiums konstituiert sich der Vorstand selbst.

Aufgaben und Kompetenzen
- Führung des Vereins nach den Grundsätzen des Leitbilds und den Bestimmungen der Statuten
- Erarbeitung des Tätigkeitsprogramms mit Jahresbudget
- Erlass von Reglementen und Weisungen für wirksame und ordnungsgemässe Vereinsführung
- Einsatz von Arbeitsgruppen für die Durchführung von Projekten und Aufgaben
- Vorbereitung und Durchführung der Generalversammlung
- Vertretung des Vereins nach aussen
- Wahrnehmung aller Aufgaben, die nicht ausdrücklich einem anderen Organ zugewiesen sind

2.2. Weitere Aufgaben des Vorstands
- Planung: langfristige Vereinsziele, Mehrjahres- und Jahresplanung, Kontrolle der Zielerreichung
- Organisation spezieller Vereinsaufgaben: Anlässe, Trainings, Infrastruktur, Material etc.
- Mitgliederbetreuung: Bedürfnisermittlung, Dienstleistungen
- Personelles: Personalplanung und Rekrutierung (Trainer), Führung, Personalentwicklung
- Kommunikation und Marketing: interne und externe Kommunikation mit relevanten Zielgruppen (Mitglieder, Sponsoren, Behörden etc.)
- Finanz- und Rechnungswesen: Finanzplanung, Buchhaltung, Inkasso, Fundraising, Vermögensverwaltung, Rechnungsprüfung
- Administration / IT: Mitgliederverwaltung, Beschaffung und Einsatz von IT, Protokolle, Ablage, Archiv, Versicherungen

2.3. Aufgaben der einzelnen Vorstandsmitglieder
Die Vorstandsmitglieder führen ihre Bereiche selbständig im Rahmen der festgelegten Aufgaben und Kompetenzen gemäss Funktionsbeschreibungen und Funktionendiagrammen.

2.4. Sitzungsorganisation

Zeitpunkt
Die Planungs- und Vorstandssitzungen finden nach Möglichkeit an jedem letzten Mittwoch des Monats statt; ausgenommen ist der Monat Juli (Sommerferien). Zuerst findet jeweils die Planungssitzung mit den Vorstandsmitgliedern und den Trainern statt, im Anschluss daran die Vorstandssitzung. Bei Bedarf werden zusätzliche Sitzungen angesetzt.

Einladung
Die Sitzungseinladung erfolgt durch das Präsidium. Traktandenliste und Unterlagen werden den Vorstandsmitgliedern spätestens 10 Tage vor der Sitzung per Post oder E-Mail zugestellt. Die Vorstandsmitglieder geben ihre Traktandenwünsche mindestens 14 Tage vor der jeweiligen Sitzung bekannt. Das Präsidium koordiniert die einzelnen Geschäfte.

Teilnahme

Die Teilnahme an den Planungs- und Vorstandssitzungen ist für alle Trainer und Vorstandsmitglieder obligatorisch. Den Trainern steht es frei, im Anschluss an die Planungssitzung auch der Vorstandssitzung beizuwohnen; sie haben dabei beratende Stimme.

2.5. Beschlussfassung

Der Vorstand ist beschlussfähig, wenn mehr als die Hälfte der stimmberechtigten Mitglieder anwesend ist.
Er fasst seine Beschlüsse mit dem einfachen Mehr der anwesenden Mitglieder.
Bei Stimmengleichheit hat das Präsidium den Stichentscheid.

2.6. Sitzungsprotokoll

Das Sekretariat führt das Sitzungsprotokoll der Vorstandssitzung. Es ist innert 14 Tagen nach der Sitzung allen Vorstandsmitgliedern und Trainern per Post oder E-Mail zuzustellen. Die zuständigen Vorstandsmitglieder informieren andere direkt betroffene Personen über die betreffenden Beschlüsse und Aufträge des Vorstands.

2.7. Spesenentschädigung

Die Vorstandsmitglieder verrichten ihre Tätigkeit im Verein ehrenamtlich – also ohne finanzielle Entschädigung.
Für folgende Fälle werden Spesen im budgetierten Rahmen entschädigt:
- Reise, Verpflegung und Unterkunft bei auswärtigen Einsätzen und Repräsentationen:
  - Bahnbillett Halbtax, 2. Klasse
  - 60 Rappen Kilometerentschädigung bei Benützung des Privatautos (sofern die Benützung öffentlicher Verkehrsmittel nicht möglich bzw. nicht zumutbar ist)
  - 25 Franken pro Mahlzeit (Frühstück 10 Franken)
  - Unterkunft in Mittelklassehotel
  - Weiterbildungs- und Tagungskosten
- Sonstige Spesen: Porti, Telefon, Fotokopien, Materialkosten etc. gegen entsprechende Belege

Muster für Funktions-
beschreibungen

Funktionsbeschreibung für das Präsidium des Vereins «Fussballfreunde Schweiz»

1. Bezeichnung der Funktion
Präsident/-in, Mitglied des Vorstands

2. Vorgesetztes Gremium
Generalversammlung (GV)

3. Unterstellte Funktionen
Keine Direktunterstellten, präsidiert den Vorstand als Ganzes

4. Stellvertretung
- vertritt die Bereichsleitung Infrastruktur
- wird vertreten durch die Bereichsleitung Infrastruktur

5. Hauptaufgaben und Ziele der Funktion
- Verantwortung für die initiative Führung und Koordination des Vereins
- Überwachung und Unterstützung der sach-, fach- und zeitgerechten Problemlösungsprozesse in allen Bereichen
- Koordination der personellen Nachfolgeplanung im Vorstand
- Präsentation des Jahresberichts
- Repräsentation der «Fussballfreunde Schweiz» nach aussen (Geschäftspartner, Behörden, Öffentlichkeit etc.)

6. Sachaufgaben und -kompetenzen
im Rahmen der Vorstandsaufgaben (siehe Funktionendiagramme)

7. Führungsaufgaben und -kompetenzen

Allgemeine Leitungsaufgaben
- Leitung der GV und der Vorstandssitzungen

Personal
- Führung des Vorstands als dynamisches, geschlossen auftretendes Team

Ausgabenkompetenzen
- volle Ausgabenkompetenz im Rahmen des bewilligten Budgets im zugewiesenen Aufgabenbereich

Unterschriftsberechtigung
- Einzelunterschrift für Schreiben ohne rechtsverbindlichen Charakter
- Einzelunterschrift für Rechtsgeschäfte bis CHF 2000 Gegenwert
- Kollektivunterschrift mit einem Vorstandsmitglied für Rechtsgeschäfte über CHF 2000

8. Teilnahme an Sitzungen
- Leitung der GV, der Planungs- und der Vorstandssitzungen
- Teilnahme an den übrigen Sitzungen nach eigenem Ermessen

9. Information
- Informationsrecht betreffend alle Vorstandsmitglieder, Trainer und Angestellten
- Informationspflicht gegenüber der GV, dem Vorstand und den Trainern

10. Integrierende Beilage zur Funktionsbeschreibung
Funktionendiagramme und Vorstandsreglement

Funktionsbeschreibung für die Finanzen des Vereins «Fussballfreunde Schweiz»

1. Bezeichnung der Funktion
Bereichsleiter/-in Finanzen/Administration, Mitglied des Vorstands

2. Vorgesetztes Gremium
Generalversammlung (GV)

3. Unterstellte Funktionen
Leiter/-in Sekretariat

4. Stellvertretung
- vertritt die Bereichsleitung Kommunikation / Marketing
- wird vertreten durch die Bereichsleitung Kommunikation / Marketing

5. Hauptaufgaben und Ziele der Funktion
- Verantwortung für die initiative Führung und Koordination des Bereichs Finanzen/Administration
- Einführung und Koordination der Finanzplanung und des Budgetierungsprozesses

- Kontrolle der Einhaltung des gesamten Vereinsbudgets und des Zahlungsverkehrs
- Sicherstellung der Vereinsbuchhaltung und des Jahresabschlusses
- Organisation der Mittelbeschaffung, inkl. Repräsentation des Vereins gegenüber potenziellen Geldgebern
- Verwaltung des Vereinsvermögens
- Überwachung der Mitgliederverwaltung und des Jahresinkassos
- Koordination der wichtigsten administrativen Abläufe
- Betreuung des Versicherungswesens
- Personalplanung und -besetzung im eigenen Verantwortungsbereich

6. Sachaufgaben und -kompetenzen
im Rahmen der Vorstandsaufgaben (siehe Funktionendiagramme)

7. Führungsaufgaben und -kompetenzen

Allgemeine Leitungsaufgaben
- Leitung des gesamten Bereichs Finanzen/Administration

Personal
- Durchführung des jährlichen Förderungsgesprächs mit der Sekretariatsleitung

Ausgabenkompetenzen
- volle Ausgabenkompetenz im Rahmen des bewilligten Budgets im zugewiesenen Aufgabenbereich

Unterschriftsberechtigung
- Einzelunterschrift für Schreiben ohne rechtsverbindlichen Charakter
- Einzelunterschrift für Rechtsgeschäfte bis CHF 2000 Gegenwert
- Kollektivunterschrift mit einem Vorstandsmitglied für Rechtsgeschäfte über CHF 2000

8. Teilnahme an Sitzungen
- Teilnahme an der Generalversammlung und den Vorstandssitzungen
- Teilnahme an den übrigen Sitzungen nach eigenem Ermessen

9. Information
- Informationsrecht betreffend alle Vorstandsmitglieder, Trainer und Angestellten
- Informationspflicht gegenüber der GV, dem Vorstand und den Trainern

10. Integrierende Beilage zur Funktionsbeschreibung
Funktionendiagramme und Vorstandsreglement

Funktionsbeschreibung für Kommunikation / Marketing des Vereins «Fussballfreunde Schweiz»

1. Bezeichnung der Funktion
Bereichsleiter/-in Kommunikation / Marketing, Mitglied des Vorstands

2. Vorgesetztes Gremium
Generalversammlung (GV)

3. Unterstellte Funktionen
Redaktor/-in der Vereinszeitschrift

4. Stellvertretung
- vertritt die Bereichsleitung Finanzen / Administration
- wird vertreten durch die Bereichsleitung Finanzen / Administration

5. Hauptaufgaben und Ziele der Funktion
- Verantwortung für die initiative Führung und Koordination des Bereichs Kommunikation / Marketing
- Erstellung und Aktualisierung eines Kommunikations- und eines Marketingkonzepts
- Lancierung, Koordination und Kontrolle sämtlicher Kommunikations- und Marketing-massnahmen des Vereins
- Überwachung der Zeitschrift und der Internetpräsenz (Website, Social Media etc.)
- Organisation und Koordination der Medienarbeit
- Überwachung der Einhaltung des Budgets im eigenen Bereich
- Personalplanung und -besetzung im eigenen Verantwortungsbereich

6. Sachaufgaben und -kompetenzen
im Rahmen der Vorstandsaufgaben (siehe Funktionendiagramme)

7. Führungsaufgaben und -kompetenzen

Allgemeine Leitungsaufgaben
- Leitung des gesamten Bereichs Kommunikation / Marketing

Personal
- Durchführung des jährlichen Förderungsgesprächs mit der Redaktion der Vereinszeitschrift

Ausgabenkompetenzen
- volle Ausgabenkompetenz im Rahmen des bewilligten Budgets im zugewiesenen Aufgabenbereich

Unterschriftsberechtigung

- Einzelunterschrift für Schreiben ohne rechtsverbindlichen Charakter
- Einzelunterschrift für Rechtsgeschäfte bis CHF 2000 Gegenwert
- Kollektivunterschrift mit einem Vorstandsmitglied für Rechtsgeschäfte über CHF 2000

8. Teilnahme an Sitzungen

- Teilnahme an der Generalversammlung und den Vorstandssitzungen
- Teilnahme an den übrigen Sitzungen nach eigenem Ermessen

9. Information

- Informationsrecht betreffend alle Vorstandsmitglieder, Trainer und Angestellten
- Informationspflicht gegenüber der GV, dem Vorstand und den Trainern

10. Integrierende Beilage zur Funktionsbeschreibung

Funktionendiagramme und Vorstandsreglement

Muster für eine Stellen-beschreibung

Stellenbeschreibung für das Sekretariat des Vereins «Fussballfreunde Schweiz»

1. Bezeichnung der Funktion
Leiter/-in Sekretariat

2. Vorgesetzte Stelle
Leiter/-in Finanzen/Administration

3. Stellvertretung
wird vertreten durch Leiter/-in Finanzen/Administration

4. Aufgaben
- Auskunftsdienst (Telefon, Fax, E-Mail)
- Verwaltung der Vereinsdokumentation
- Versand Sitzungseinladungen, Protokolle und Bereichsunterlagen des Vorstands
- Mitgliederdienst und -verwaltung
- Zahlungsverkehr und Mitgliederinkasso
- Lohnbuchhaltung inkl. Abrechnung der Sozialversicherungen
- Protokollführung an der Generalversammlung und den Vorstandssitzungen
- Archivierung der Vereinsakten
- weitere administrative Unterstützung aller Bereiche nach Absprache mit der Bereichsleitung Finanzen/Administration

5. Kompetenzen
Ausgabenkompetenz für Einkauf Büromaterial und Drucksachen im Rahmen des bewilligten Budgets

6. Teilnahme an Sitzungen
Teilnahme an der Generalversammlung und den Vorstandssitzungen (ohne Stimmrecht)

7. Information
Informationspflicht gegenüber dem Vorstand und den Trainern

8. Lohn und Sozialleistungen
im Rahmen der Richtlinien für voll- und teilzeitlich Angestellte des Vereins «Fussballfreunde Schweiz»

Adressen und Links

Beobachter-Beratungszentrum
Das Wissen und der Rat der Fachleute in
acht Rechtsgebieten stehen den Mitgliedern
des Beobachters im Internet und am
Telefon zur Verfügung. Wer kein Abonne-
ment der Zeitschrift oder von Guider hat,
kann online oder am Telefon eines bestellen und erhält sofort Zugang zu den
Dienstleistungen.
- www.guider.ch: Guider ist der digitale
  Berater des Beobachters mit hilfreichen
  Antworten auf Rechtsfragen.
- Telefon: Montag bis Freitag von
  9 bis 13 Uhr. Direktnummern
  der Fachbereiche unter
  www.beobachter.ch/beratung
  (→ Beratung per Telefon) oder unter
  043 444 54 00
- Kurzberatung per E-Mail: Link zu
  den verschiedenen Fachbereichen unter
  www.beobachter.ch/beratung
  (→ Beratung per E-Mail)

Bundesamt für Kultur (BAK)
Hallwylstrasse 15
3003 Bern
Tel. 058 462 92 66
www.bak.admin.ch

Pro Helvetia
Hirschengraben 22
8024 Zürich
Tel. 044 267 71 71
www.prohelvetia.ch
*BAK und Pro Helvetia befassen sich mit
der Förderung kultureller Projekte von natio-
naler Bedeutung.
Das BAK unterstützt kulturelle (Dach-)Orga-*
*nisationen in den Bereichen Musik, Tanz,
Film, bildende Kunst, Literatur, Theater
sowie Erwachsenenbildung und nationale
Verständigung. Auf der Website finden
sich viele Links zu kulturellen Institutionen
und Organsiationen.*

Bundesamt für Sozialversicherungen (BSV)
Effingerstrasse 20
3003 Bern
Tel. 058 462 90 11
www.bsv.admin.ch
*Das BSV und die kantonalen Ausgleichs-
kassen erteilen Auskünfte im Zusammenhang mit den Sozialversicherungen
(AHV/IV, EO, ALV). Mit Fragen zur
beruflichen Vorsorge BVG (Pensionskasse)
wenden Sie sich an die kantonalen
BVG-Aufsichtsbehörden.*

Bundesamt für Sport (BASPO)
Hauptstrasse 247
2532 Magglingen
Tel. 058 462 61 11
www.baspo.admin.ch
*Das BASPO ist die nationale Amtsstelle für
Fragen des Sports. Es ist eine bedeutende
Sportausbildungsstätte, ein sportwissenschaft-
liches Kompetenzzentrum und eine wichtige Dokumentations- und Informationsstelle
im Schweizer Sport.*

Eidgenössischer Datenschutz- und
Öffentlichkeitsbeauftragter (EDÖB)
Feldeggweg 1
3003 Bern
Tel. 058 462 43 95 (Beratungsdienst von
Montag bis Freitag von 10 bis 12 Uhr)
www.edoeb.admin.ch
*Hier erhalten Sie Auskunft zum Datenschutz
und können beispielsweise einen Muster-
brief herunterladen, wenn Sie von Ihrem Auskunftsrecht Gebrauch machen wollen.
Verschiedene Publikationen sind ebenfalls
erhältlich.*

Eidgenössische Stiftungsaufsicht
Inselgasse 1
3003 Bern
Tel. 058 462 80 14 / 058 462 80 32
www.edi.admin.ch
→ Eidgenössische Stiftungsaufsicht
*Auf der Website der Eidgenössischen
Stiftungsaufsicht finden Sie ein Verzeich-
nis aller klassischen Stiftungen unter
Bundesaufsicht ab dem 1. Juli 2006.*

Eidgenössische Steuerverwaltung
Eigerstrasse 65
3003 Bern
Tel. 058 462 71 06 (Hauptabteilung)
Tel. 031 322 21 11 (Abteilung
Mehrwertsteuer)
www.estv.admin.ch
*Hier bekommen Sie kompetente Auskünfte
zur Steuerpflicht Ihres Vereins in Bezug auf
die Mehrwert- und die Verrechnungssteuer.
Für Fragen, die die Kapital- und Gewinn-
besteuerung betreffen, müssen Sie sich an die
zuständige kantonale Steuerverwaltung
wenden.*

Fachstelle vitamin B
Gasometerstrasse 9
8005 Zürich
Tel. 043 266 00 55 (Beratungsdienst
Dienstag und Mittwoch von 14 bis 17 Uhr)
www.vitaminb.ch
*vitamin B unterstützt die ehrenamtliche
Vorstandsarbeit in Vereinen und Stiftungen
mit praxisnahen Bildungsangeboten, Kurz-
beratungen, Fachinformationen und
Vernetzungsmöglichkeiten. Die Fachstelle
vitamin B wird getragen und finanziert
vom Migros-Kulturprozent und unterstützt
vom Sozialdepartement der Stadt Zürich.*

SUISA
Bellariastrasse 82
Postfach 782
8038 Zürich
Tel. 044 485 66 66
www.suisa.ch
*Hier erhalten Sie Auskünfte zur Nutzung
von Musik und zu den verschiedenen
Tarifen.*

Swiss Olympic Association
Haus des Sports
Talgutzentrum 27
3063 Ittigen bei Bern
Tel. 031 359 71 11
www.swissolympic.ch
*Die Swiss Olympic Association ist
Anbieterin und Betreiberin des kosten-
losen Webtools für Sportmanagement:
www.sportclic.ch*

Literatur

Beobachter-Ratgeber

Baumgartner, Gabriela: **Besser schreiben im Alltag.** 4. Auflage, Beobachter-Edition, Zürich 2013

Baumgartner, Gabriela: **Besser schreiben im Business.** Aktuelle Tipps und Vorlagen für den Geschäftsalltag. 2. Auflage, Beobachter-Edition, Zürich 2013

Bräunlich Keller, Irmtraud: **Arbeitsrecht.** Was gilt im Berufsalltag? Vom Vertragsabschluss bis zur Kündigung. 13. Auflage, Beobachter-Edition, Zürich 2017

Rohr, Patrick: **Reden wie ein Profi.** Selbstsicher auftreten – im Beruf, privat, in der Öffentlichkeit. 4. Auflage, Beobachter-Edition, Zürich 2016

Rohr, Patrick: **So meistern Sie jedes Gespräch.** 3., Auflage, Beobachter-Edition, Zürich 2012

Rohr, Patrick: **Erfolgreich präsent in den Medien.** Clever kommunizieren als Unternehmen, Verein, Behörde. Beobachter-Edition, Zürich 2011

Ruedin Philippe et.al.: **OR und ZGB für den Alltag.** (Buchset, beide auch einzeln erhältlich). Beobachter-Edition, Zürich 2016

Stokar, Christoph: **Der Schweizer Knigge.** Was gilt heute? 4. Auflage, Beobachter-Edition, Zürich 2013

Studer, Benno: **Testament, Erbschaft.** Wie Sie klare und faire Verhältnisse schaffen. 17. Auflage, Beobachter-Edition, Zürich 2017

Andere Bücher zur Vereinsarbeit

Lichtsteiner, Hans: **Das Freiburger Management-Modell für Nonprofit-Organisationen.** Haupt-Verlag, Bern 2015

Purtschert, Robert: **Marketing für Verbände und weitere Nonprofit-Organisationen.** Haupt-Verlag, Bern 2014

Scherrer, Urs: **Wie gründe und leite ich einen Verein?** Vereine und Verbände im schweizerischen Recht. Schulthess-Verlag, Zürich 2012

Schulz von Thun, Friedemann: **Miteinander reden.** Band 1: Störungen und Klärungen. Rowohlt-Verlag, Reinbek 2013

Schwerzmann, Alex: **Praxisleitfaden. Strategische Vereinsführung. Werkzeuge und Methoden für modernes Vereinsmanagement.** Springer Fachmedien, Wiesbaden, 2016

Zöbeli, Daniel; Exer, Arthur; Baumann, Andreas: **Rechnungswesen, Revision und Steuern für Vereine.** Orell Füssli, Zürich 2010

Stichwortverzeichnis